Koch • Erfolgsrezepte vom BörsenKoch

www.boersenkoch.de

• Markus Koch •

Erfolgsrezepte vom BörsenKoch

Die Chancen der Märkte nutzen

FinanzBuch Verlag München

Die Deutsche Bibliothek – CIP-Einheitsaufnahme
Ein Titeldatensatz für diese Publikation ist bei
der Deutschen Bibliothek erhältlich

E-MAIL: KOCH@FINANZVERLAG.COM

WWW.BOERSENKOCH.DE

Gesamtbearbeitung: Michael Volk, München

Druck: Wiener Verlag GmbH, Himberg

© der Fotos im Bildteil by Tina Hager

2. Auflage 2001

© 2000 BY FINANZBUCH VERLAG GMBH MÜNCHEN

LANDSHUTER ALLEE 61 • 80637 MÜNCHEN

TEL.: 089/65 12 85-0 • FAX: 089/65 20 96

ISBN 3-932114-40-X

Für mehr Bücher: www.finanzbuchverlag.net

Inhalt

Vorwort

Wohl kaum ein Thema prägt das tägliche Wirtschaftsleben so nachhaltig wie die Börse. Wann sind Aktien billig, wann sind sie teuer? Wie sichert man Gewinne und begrenzt Verluste? Wie findet man generell heraus, wo man einsteigen soll? Es scheint Hunderte von Geheimnissen, Regeln, Insiderwissen und Tipps zu geben, die beim Umgang mit dem Thema Börse zu berücksichtigen sind. Ich möchte mich mit meinem Buch nicht in die lange Reihe derer einreihen, die versuchen, einem irgendwelche 100% Gewinn-Formeln einzureden. Die gibt es einfach nicht. Anlegen soll Ihnen auch ohne komplexes Regelverständnis Spaß machen, denn bei der Börse handelt es sich um einen absolut fairen Markt, an dem jeder seine Chance findet und an dem völlige Chancengleichheit besteht. Sie werden in meinem Buch sicherlich so manche Stellen zum Schmunzeln finden. Das ist auch gut so, denn Sie sollten stets mit einem Lächeln ans Investieren herangehen, aber trotzdem nicht den Ernst der Lage aus den Augen verlieren. Der springende Punkt an der Sache ist das Marktverständnis. Blind jedem aktuellen Trend hinterherzulaufen, kann sich zwar kurzfristig auszahlen, aber auf längere Sicht geht es um wesentlich mehr. Es gibt kein Navigationssystem für den schnellen Weg ans große Geld, auch wenn es Ihnen so mancher übereifrige Analyst glauben machen möchte. Die Qualität der Informationen ist wichtig, nicht die Quantität. Ich möchte Ihnen hier keine graue Theorie nahe bringen, sondern Ihnen das Gefühl vermitteln, sich in die Märkte hineinzuversetzen.

Die Begeisterung für die Börse soll rüberkommen, und ich bin mir sicher, dass keine Börse der Welt die „Faszination Börse" besser widerspiegeln kann, wie die Wall Street in New York. Hier bei uns meint man wirklich den Herzschlag der Börse zu verspüren.

Glauben Sie mir, wenn Sie sich zu verbissen aufs Geld verdienen konzentrieren, werden Sie nicht den Erfolg haben, den Sie sich wünschen. Eine gesunde Einstellung gegenüber Geld ist das einzige was wirklich zählt. Börse versinnbildlicht für mich das Gefühl von Gemeinschaft. Sie ist kein Buch mit sieben Siegeln, sondern ein Spiel und ein Spiegel der menschlichen Seele.

Finden Sie Ihren eigenen Anlagestil und nutzen Sie die Chancen, die sich Ihnen an den Märkten immer wieder bieten.

Gutes Gelingen bei der Zubereitung Ihres eigenen Börsen-Erfolgsmenüs wünscht Ihnen

Ihr
Markus Koch

Eins

Über Afrika nach Amerika – Etappen einer ungewöhnlichen Karriere

„Die beste Bildung erfährt der Mensch
im Ausland"
GOETHE

O kay, Guys! Dann wollen wir uns mal vom Urwald Afrikas bis in den Dschungel der Wall Street durchschlagen. Doch erst mal möchte ich mit ein paar Stereotypen aufräumen: Ich fahre weder Rolls-Royce, wohne nicht in der 5th Avenue, noch bin ich einer dieser aalglatten Erfolgsmenschen. Ich bin der Typ von der Wall Street, den alle einfach Markus nennen, ein Hobbybörsianer, der auszog, um dort sein Glück zu finden.

In keiner anderen Stadt der Welt ist der Kapitalismus wohl so ausgeprägt wie in New York. Hier prallen Armut und Reichtum aufeinander; die prunkvolle 5th Avenue ist nur eine kurze U-Bahn-Fahrt von den dunklen Ecken Harlems entfernt. Vielleicht waren es auch diese Extreme, die mich angezogen haben. In jedem Fall dachte ich mir „You got the chance" und wanderte 1992 illegal mit wenig Geld in die USA ein. Ich wollte MEINE Chance an der Wall Street bekommen.

Doch was sich anhört wie „Koch im Glück", verlief ähnlich turbulent wie mancher Handelstag einer volatilen Internetaktie.

Mal heiß, mal kalt, mal rauf, aber zunächst vor allem runter. „The sunny side of the street" war für mich über viele Jahre nur ein weit entferntes Traumbild.

Eines habe ich dabei mit Sicherheit gelernt: Das Leben ist achtzig Prozent Glück, zehn Prozent harte Arbeit und nur zehn Prozent Verstand und Ausbildung. Viel zu wissen heißt eben auch, nicht alles zu verstehen!

Aber ich will von vorne anfangen. Ich erblickte erstmals das Tageslicht in Form einer 60-Watt-Glühbirne am 10. April 1971 im schönen Königstein im Taunus. Es sei mir erlaubt, an dieser Stelle in meiner Lebensgeschichte einen kleinen Zeitwarp à la Raumschiff Enterprise einzulegen, um mit einer entscheidenden Phase meiner Kindheit zu beginnen. Eine Phase, in der ich gezwungen war, schneller als gewollt erwachsen zu werden. In dieser Zeit wurde meine Einstellung zum Thema Geld und Menschen geprägt.

AUF IN DEN DSCHUNGEL

Angefangen hat alles mit einer Platzwunde, die ich mir 1979 dank einer unglücklichen Turnübung zufügte. Der liebe Onkel Doktor, der sich allerdings als Wolf im Schafspelz herausstellen sollte, nähte nicht nur die Wunde, sondern ehelichte später auch meine Mutter. Hey, da freut sich doch das Herz und das Portemonnaie gleich mit. Ein Chirurg an der Uni-Klinik bei Frankfurt lässt doch auf eine rosige Zukunft hoffen. Aber wie das eben so ist mit dem Hoffen – die Wirklichkeit sieht manchmal etwas anders aus. Damals ahnten wir noch nicht, dass wenige Monate später Präsident Tolbert von der westafrikanischen Bananenrepublik Liberia unter dem Messer meines Stiefvaters landen würde. Tolbert, der wie alle liberianischen Präsidenten etwa ein

Jahr später einem Regierungsputsch zum Opfer fiel, machte meinen Stiefvater zum persönlichen Leibarzt und Chefarzt des JFK-Krankenhauses in Monrovia. Und so wanderten wir Ende 1979 nach Liberia aus. Boy, was für ein schlechter Tausch. Erstmals lernte ich, was es bedeutet, ein schlechtes Investment zu machen. Tausche gut bezahlten Chirurgen-Posten gegen Titel und ausbleibende Gehälter in Monrovia.

Was uns erwartete, war eine für Afrika durchaus moderne Großstadt. Im Gegensatz zu den meisten Europäern lebten wir in Monrovia nicht in den gettoartigen „Compounds", den Wohngebieten der reichen Weißen, sondern mitten unter den Blechhütten der Einheimischen.

Wir hatten ein kleines, weißes Betonhaus mit einem großen Garten, sechs Hunde und einen Affen. Die Wände im Haus waren so tropisch feucht, dass sich die Tapeten fast jeden Monat wie Rollos von selbst herunterrollten.

Auf meinen Stiefvater wartete wiederum ein von Ratten bevölkertes Krankenhaus, das Welten von dem entfernt war, das er zurückließ. Ein Hospital, das im wahrsten Sinne des Wortes krankmachte. Schon von dem Gestank nach Urin und Blut wurde es einem schlecht.

Um uns das Leben etwas zu versüßen, stellte uns der Staat einen Hausbediensteten, einen Gärtner und sogar einen eigenen Soldaten zur Verfügung. Besonders ihm muss ich auf Anhieb kräftig ans Herz gewachsen sein. Der nette Kerl schenkte mir bei meiner Ankunft vor lauter Freude seinen Helm. Dachte ich zumindest und schnitt, ganz nach dem Motto „Erbarmen, zu spät, die Hessen kommen!", das Innenfutter raus. Sein Haarwachs hatte sich dort schon unangenehm stark verinnerlicht. Zwei Welten kollidierten: Hesse trifft Buschmann. Was staunten wir beide doch, als er seinen an mich verliehenen Helm wieder haben wollte.

Ich fand's super, einer der wenigen Weißen unter der einheimischen schwarzen Bevölkerung zu sein. Nur am Anfang war es etwas nervig, beim allmorgendlichen Gang in den Supermarkt permanent angefasst zu werden. Fehlte nur noch, dass ich ein Schild tragen musste: „Bitte nicht füttern!" – „Yo, Yo", riefen sie immer alle und stürmten auf meine ebenfalls blonde Mutter zu. „Weiße Teufel" nannte man uns wegen der blonden Haare.

Für uns Kinder waren wir alle gleich. Ob gelb, weiß oder schwarz – wir hatten immer eine Mordsgaudi. Und so turnte ich mit meinen Kumpels ungezwungen durch den tiefsten Urwald und die größten Sümpfe. Ich darf gar nicht daran denken, dass ich wohl an so manchem Kriechtier vorbeigeturnt sein muss. Heutzutage ekele ich mich schon vor einer dieser berühmten New Yorker Kakerlaken. Aber damals ließ ich mich zu jeder Schandtat oder auch Mahlzeit überreden. So aß ich immer schön brav meine Portion Schweinefüße, Pansen oder Affen. Wie mein Opa immer sagte: „Was auf den Tisch kommt, wird auch gegessen." Aber aus dem Topf hängende kleine Affenhände waren wohlgemerkt auch für mich ziemlich gewöhnungsbedürftig.

In Monrovia essen die Leute einfach alles. Ich werde wohl nie die kleine Party von nebenan vergessen, bei der mein Hund verspeist wurde. Übrig blieb nur das Fell. Aber was will man auch schon sonst mit einem angefahrenen Hund anfangen? Recht hatten sie. Wenigstens wurde sein Ableben gebührend gefeiert.

Für uns waren das zumindest nach deutschen Maßstäben sehr arme Zeiten. Mein Stiefvater erhielt nur alle Monate mal Gehalt in einer kleinen, braunen Papiertüte und die Inflation war etwa so hoch wie das World Trade Center. Und doch – auch wenn's manchmal schwierig war, arm kamen wir uns nie vor! Vielleicht, weil uns niemand das Gefühl gab, es zu sein. Viele unserer Bekannten und Freunde lebten in Blechhütten und hatten manchmal nicht einmal das Notwendigste zum Leben.

Auch James, unserem Houseboy mit dem breiten Lächeln,

16

ging es nicht viel besser. Dafür war er der Meister des Tanzes und ich sein Schüler. Sein kleines Transistorradio schepperte immer die neusten Hits des Lokalsenders, den neusten Buschbeat sozusagen. Er hielt sich das Radio beim Tanzen immer direkt ans Ohr, gekonnt schaffte er es dabei, seine Füße kaum anzuheben, um die Sohlen seiner gelben, blauen oder roten Badelatschen dezent über den Boden zu schlurfen. So, wie sich's gehört.

James wohnte mitten in den Slums in einer rostbraunen Wellblechhütte. Wie viele Kinder er wirklich hatte, konnte ich nie richtig rausfinden – wahrscheinlich wusste er es selbst nicht. Manchmal besuchte ich ihn; seine Frau Dujur machte hervorragende Fischsuppe. Außerdem mochte ich den Geruch der Kochfeuer, der durch die vielen Hütten zog. Nachts flackerten überall Kerzenlichter. Strom konnte sich niemand leisten, aber das Elektrizitätswerk fiel sowieso alle paar Tage aus.

Dennoch schienen alle glücklich zu sein und feierten die schönsten Feste. Familien hatten noch einen anderen Stellenwert, die Großeltern noch feste Aufgaben. Keiner hoffte auf den Final Countdown der Oma, um endlich an ihren Sparstrumpf zu gelangen. Man braucht nicht viel, um glücklich zu sein! Ein Gedanke, der in unserer Wohlstandsgesellschaft und für mich, der an der Wall Street arbeitet, ein ganz wichtiger Aspekt ist.

In unserer modernen Gesellschaft hat Geld eine zu große Macht – sowohl symbolisch als auch materiell. Obwohl Papier als solches nur einen geringen Wert hat, kann man mit Geldscheinen fast alles kaufen – Häuser, Autos und in Staaten wie den USA sogar bis zu einem gewissen Grad Gesundheit. Liebe lässt sich dafür nicht kaufen, aber in manchen Fällen Beziehungen und „Freundschaften".

Fragen Sie mal Ihren Nachbarn, was er wert ist. In den meisten Fällen fängt Ihr Gegenüber an zu rechnen – Ich habe ein Haus, ich habe ein Auto, ich habe ein Wertpapierdepot, ich habe soundsoviel Geld auf der Bank. Fleißig rechnet der Gefragte die materiellen Werte zusammen, zieht Schulden ab und schon glaubt der Mensch das Ergebnis zu haben. „Ich bin einen XY-Betrag wert", verkündet er. Viele Menschen würden diese Frage wohl rein auf den materiellen Wert beziehen. Schade, eigentlich. Viele scheinen zu glauben, dass Erfolg sich nur in harten Dollars messen lässt. Die Frage „Was bin ich wert?" müsste doch eigentlich ganz andere Fragen nach sich ziehen: Was für ein Vater bin ich? Was für eine Mutter bin ich? Ja, was für ein Mensch bin ich eigentlich? Wie ist meine Beziehung zu Gott? Geld wird in unserer Gesellschaft von seiner eigentlichen Funktion als Zahlungsmittel mehr oder weniger zweckentfremdet und zum Maßstab für Sexualität, Selbstwertgefühl, Macht und viele andere Dinge. Dem Faktor Geld wird einfach zu viel Bedeutung beigemessen.

Es stellt sich unweigerlich die Frage, warum viele Menschen reich sein wollen. Ich glaube, wenn Sie plötzlich zu Geld kämen, würden Sie sich wundern, wie wenig sich dadurch ändert. Man kann nur mit einem Auto fahren, nur einen Anzug tragen und nicht mehr essen und trinken als reinpasst. Sicherlich könnte man statt Ford Fiesta einen Ferrari fahren. Schon muss man aber wieder Angst haben, dass das Ding zerkratzt wird. Eine Angst jagt die andere. Der eine fürchtet die Leasingrate für den Fiesta, der andere den Kratzer am Ferrari. Welche Ironie des Lebens!

Komischerweise verliert man mit Geld auf dem Konto nicht die Angst, sie verändert sich nur. Die Sorge, nicht genug zu besitzen, wird zur Furcht, den Reichtum wieder zu verlieren. Ich will das Thema nicht überstrapazieren und sicher nicht alle über einen Kamm scheren. Sicher gibt es auch Menschen, die Geld als eine Art Sicherheitspolster sehen. Man sollte sich nur bewusst sein, dass Geld zwar Macht und Sicherheit bedeutet, aber nicht in einem so großen Ausmaß, wie von einigen vermutet wird.

Zurück nach Liberia. Dort hat mir besonders imponiert, dass

die Menschen nicht vorgaben, irgendetwas zu sein, sondern wirklich sie selbst waren. Sie lachten und teilten das Wenige, was sie hatten, mit jedem. Der Wert eines Menschen wurde dort mit ganz anderen Maßstäben gemessen. Die Gastfreundschaft, die uns die Liberianer entgegenbrachten, habe ich in der so genannten zivilisierten Welt nur selten angetroffen. Trotz aller Armut durfte ich die tollsten Feste miterleben. Die Menschen konnten feiern, singen, tanzen und ihren Spaß haben. Sie wurden nicht vom Geld kontrolliert. Sie machten sich keine Sorgen um materielle Dinge. Warum sollten sie auch? Sie besaßen wenig und hatten kaum Aussicht auf mehr. Sicherlich schläft man auf der Parkbank nicht so angenehm wie im Hotel. Aber muss es ausgerechnet das New Yorker Walldorf Astoria sein?

Das eigene Ich nicht aufzugeben ist in einer von Statussymbolen geprägten Gesellschaft zugegeben wesentlich schwieriger als in Liberia. Insbesondere in New York ist der andauernde Wettbewerbs- und Erfolgsdruck ziemlich anstrengend. Wer besitzt den größeren Wagen, wer das schönere Haus auf Long Island? Gerade hier steht der Erfolg im Vordergrund, der Mensch selbst im Hintergrund. Das erklärt dann wohl auch, weshalb im Big Apple, neben Washington, die meisten Psychologen der USA wohnen. Einer der Fondsmanager des bekannten New Yorker Tiger Funds schmiss nicht nur in regelmäßigen Abständen das Inventar durch das Büro, er hatte auch neben einer Sekretärin noch einen persönlichen Psychologen im Nachbarzimmer. Viele finanziell erfolgreiche Menschen verbergen hinter der Fassade aus Beruf, Titel, Geld und Statussymbolen eine ganze Menge an Unsicherheit. Da man in diesen New Yorker Kreisen nicht über Probleme spricht, muss der Psychologe den Platz des wahren Freundes einnehmen.

Nun ist das Klischee sicherlich falsch, dass an der Wall Street nur unangenehme Yuppies herumlaufen. Ebenso falsch ist die

Annahme, dass ein Mensch, der in Aktien investiert, außer Geld nichts anderes im Kopf habe. Auch wenn Geld durchaus den Charakter so mancher Person verdorben hat, sollte man diese nicht generalisieren. Ein Freund von mir hat es einmal auf den Punkt gebracht: „Geld verdirbt nur den Charakter derjenigen, die schon vorher keinen besaßen."

Erstaunlicherweise ist Geld oft dort besonders wichtig, wo es eigentlich keine Rolle spielen müsste. In Liberia teilte man das Wenige, was man hatte. Bei vielen westlichen Familien wird wiederum selbst im intimsten Kreis auf den Heller und Pfennig abgerechnet. Ich muss gestehen, dass ich selbst lange Zeit Probleme damit hatte, zum Essen eingeladen zu werden oder Geschenke anzunehmen. Automatisch jagen einem beängstigende Gedanken durch den Kopf: „Ich stehe in der Schuld des anderen! Jetzt muss ich unbedingt das nächste Abendessen zahlen." Statt sich über ein Geschenk zu freuen oder ein Kompliment so zu nehmen, wie es gemeint ist, wird abgerechnet. In vielen Fällen hat das Wort Geschenk im Grunde eine ganz andere Bedeutung eingenommen. „Tauschgut" oder „Übertrumpfungsmittel" wäre die treffende Bezeichnung. Wer schenkt was, wie groß ist es, und was kostet es? Das sind die Beurteilungskriterien für ein Geschenk – ob es von Herzen kommt, ist Nebensache. So werden Geschenke zu Armutszeugnissen des Kapitalismus.

Geld ist nicht alles. Man darf vom Geld nicht kontrolliert werden, man muss das Geld kontrollieren. Diese Einstellung zu Geld brauchen Sie, wenn Sie am Aktienmarkt erfolgreich sein wollen. Die Haltung zu Kursschwankungen wird relativiert, so manche Kurzschlussreaktion und so mancher Fehler beim Investieren können vermieden werden. Wenn's abwärts geht und der Blick ins Depot so richtig schmerzt, ist Nerven behalten wichtiger als alles andere.

Zurück von den Schluchten der Wall Street in den Urwald

von Liberia. Ich will meine dortige Zeit nicht nur verherrlichen. Auch in diesem Land sind Menschen durch Gier getrieben, sonst gäbe es nicht eine derartige Korruption und die Regierungen würden nicht in regelmäßigen Abständen gestürzt. Da mein Stiefvater im Dienste des Präsidenten stand, hatten wir einen guten Einblick in die dunklen Finanzkanäle der Regierung. So wurden Spendengelder und die Entwicklungshilfe westlicher Staaten zwar dankbar angenommen. Nur landeten die Gelder selten da, wo sie eigentlich hin sollten. Kriegsdenkmäler wurden errichtet oder die Annehmlichkeiten der herrschenden Familien finanziert. Auch einen Mangel an Medikamenten und Medizintechnologie gab es im Grunde nicht. Das Zeug verrottete in den Lagerhallen. Operationstische wurden nicht einmal ausgepackt und zusammengebaut.

Hauptsache die Familienmitglieder und Freunde der herrschenden Regierung wurden mit hoch dotierten Posten ausgestattet. Für alle möglichen Aufgaben gab es einen eigenen Minister, ich weiß gar nicht mehr für was alles. Das System ermöglichte es den Regierenden und ihren Familien, im absoluten Wohlstand zu leben. Aber dieser Wohlstand hielt nie lange an. In schöner Regelmäßigkeit wurden die Regierungen ausgetauscht. Oder eher hingerichtet. Präsident Tolbert wurde bei einem Regierungsumsturz zusammen mit vielen seiner Minister am Strand von Monrovia erschossen. Seine Frau wurde vergewaltigt und anschließend mit der Axt erschlagen. Und warum das alles? Nur wegen Geld, Macht und Luxus. Dafür wurde gemordet, ausgebeutet und betrogen. Doch wie man an der Wall Street sagt: „What comes around, gets around" – im Leben rächt sich alles. So war es auch in Liberia. Am Ende mussten die Putschisten selbst wieder dran glauben. Auch meine Erlebnisse in Afrika sind sicher mit dafür verantwortlich, dass ich dem Geld heute einen wesentlich geringeren Wert beimesse als so manch anderer.

Wie ich zu Anfang meines Buches erzählte, musste ich sehr früh erwachsen werden.

Daran waren allerdings weniger brutale Regierungsumstürze als der ebenfalls schon erwähnte Wolf im Doktorkittel schuld. Tagelange Stromausfälle und Patienten, die ihre Rechnungen mit Hühnern und Ziegen bezahlten – vielleicht waren es die unzumutbaren Zustände, die bei meinem Vater einen riesigen Durst auslösten. Dummerweise löschte er ihn immer mit Hochprozentigem. Mit anderen Worten: Johnny Walker war sein bester Freund. Manche Freundschaften gehen leider nach hinten los und diese war eine davon. Reichlich befuselt rutschte ihm gelegentlich die Hand aus. Grund genug für meine Mutter und mich, 1982 das Land mit Hilfe der deutschen Botschaft fluchtartig zu verlassen.

Von dieser Geschichte gibt es zwei Versionen. Die eine Variante ist, dass wir damals das Land wegen eines Regierungsumsturzes verlassen mussten. Die zweite Version ist die, wie es tatsächlich war. Eine Frau durfte in Liberia ohne die Genehmigung des Ehegatten das Land nicht verlassen. Flucht war die einzige Alternative. Gesagt, getan. Während mein Stiefvater mit Johnny Walker auf einem Empfang der chinesischen Botschaft kräftig feierte, traten wir in einer Nacht- und Nebelaktion die Flucht an. Am Tag zuvor übernachtete ich bei dem Botschafter, während meine Mutter schnell noch zwei Koffer zusammenpackte und die Reise vorbereitete. Es muss wohl eine sehr schwere Entscheidung für sie gewesen sein, alles zurückzulassen und von vorne anzufangen.

Ich kann mich noch gut an diesen Tag erinnern: Zwei Männer der Botschaft rasten mit einem kleinen, klapprigen Peugeot Richtung Flughafen. Es dämmerte, als wir mit dem Auto dort auf dem Gelände ankamen. Wie immer war es schwül und der Wind wiegte ganz behutsam die Palmenwedel.

Kaum angekommen wurden wir direkt in das wartende Flugzeug geschleust, vorbei an den lokalen Grenzkontrollen. Ironischerweise ist heute der Mitarbeiter der Botschaft, dem wir die Flucht zu verdanken haben, bei dem Deutschen Konsulat in New York tätig. Ich hätte nie gedacht, diesem Mann all die Jahre später auf einem Empfang in Big Apple danken zu können.

Die schlimmen Monate im Vorfeld der Flucht und was danach folgte, haben einen wesentlichen Teil meines Lebens geprägt. Plötzlich war ich der Mann im Hause und musste meiner Mutter bei dem harten Neuanfang zur Seite stehen. Vielleicht habe ich einen Teil meiner Kindheit deshalb verpasst. Doch auch wenn es verrückt klingen mag, bin ich dennoch dankbar für all diese Erfahrungen, die mir sicherlich auch so manche Entscheidung heute einfacher machen und meinen Horizont erweitert haben.

Ich weiß, dass alles vergänglich ist und Geld alleine nicht glücklich macht. Haben Sie Geld? Dann vergessen Sie nicht, es zu genießen! Denn es ist eigentlich nur ein Zufall, dass wir im reichen Teil der Welt leben und es uns gut geht. Wie der Baumagnat Donald Trump erst kürzlich sagte: Willkommen im „Club of the lucky sperm". Zum richtigen Zeitpunkt am richtigen Ort zu sein, darauf kommt es an.

„Reich ist, wer weiß, dass er genug hat."
Laotse

HOME SWEET HOME: ZURÜCK IN DER ZIVILISATION

Für unsere gesund geschrumpfte Familie startete nun also ein neuer Lebensabschnitt. Mein Stiefvater lebt wohl noch heute mit Johnny Walker zusammen. Ganz nach dem Motto „bis dass der Tod uns scheidet." Manchmal wundere ich mich selbst darüber, aber ich war ihm nie wirklich böse. Er tat mir sogar Leid. Bestimmte Dinge im Leben hat man eben nicht im Griff.

Nun hieß es erst mal: Muttern und ich gegen den Rest der Welt. Heureka! Von meiner Lieblingsband Mama Afrika zur Rockröhre Nena – das konnte nur ein Kulturschock sein. Ich war begeistert: Mit „99 Luftballons" holte mich die Zivilisation wieder ein.

Obwohl wir letztendlich gar nicht so lange weg waren, schien sich in Deutschland vieles verändert zu haben. Zunächst fanden wir in Glashütten, einem kleinen Ort im Taunus, bei Bekannten Zuflucht. Auf der Fahrt vom Frankfurter Flughafen dorthin muss ich Bauklötze gestaunt haben. Popmusik aus dem Autoradio statt Buschbeat aus James' Transistorradio und so viele verschiedene Autos, die ich noch nie zuvor gesehen hatte! Diese Hektik und Eile, in der jeder zu sein schien. Hey, dieses Land musste bei so viel Eile doch wirtschaftlich erfolgreich sein?!

Unser Wohlstand sollte sich vorerst auf zwei gerettete Koffer beschränken, deren Inhalt leider nicht besonders brauchbar war. Wir waren perfekt ausgestattet für eine heiße Dschungeltour, aber unterwegs bei den Eskimos. Es war Winter in Deutschland und ein ziemlich kalter noch dazu. Wir waren am absoluten Nullpunkt angekommen.

Und so mussten wir dann auch die ersten Klamotten vom Wühltisch der evangelischen Kirche zusammensuchen. Ich erinnere mich noch genau an den Kleiderberg und die viel zu großen, ätzenden, roten Gummistiefel, die ich mir herausgekramt hatte. Mir ist durchaus bewusst, dass Secondhand „in" ist. Aber diese schon mal getragenen Klamotten haben einfach einen unverkennbaren merkwürdig muffigen Geruch. Sie riechen so ähnlich wie alte Socken, vermischt mit dem zarten Duft von zerbröckelten Mottenkugeln.

Da stand er nun, der Koch – mit roten Gummistiefeln, viel zu engen Kordhosen und einer Bommelmütze, dass man nur so schreien konnte. Doch auch wenn ich nun aussah wie Pumuckl, so musste ich wenigstens nicht mehr frieren.

Meine Grabbeltisch-Ausstattung hatte einen anderen sehr positiven Effekt. Ich lernte, was es bedeutet, am Boden zu sein. Auf Kleiderspenden angewiesen zu sein und sich vor den Augen anderer durch den unästhetischen Klamottenberg zu wühlen – dieses Bild brannte sich in mein Gedächtnis ein wie ein schlechtes Tattoo. Viele Jahre sollte genau diese Erinnerung die größte Antriebskraft in meiner Karriere sein. Kennen Sie Angst, die einen antreibt? Wenn einem das Wasser bis zum Hals steht, werden ungeahnte Kräfte frei. Niemals mehr wollte ich so gedemütigt werden!

Die regelmäßigen Gänge zum Sozialamt, die Wertmarken, mit denen man im Supermarkt oder anderen Geschäften das Nötigste einkaufen konnte. Die schiefen Blicke an der Kasse: „Ach, wieder so jemand, der nur auf Staatskosten lebt!" Boy, einen tieferen Schlag gegen das Selbstbewusstsein gibt es wohl kaum noch. Nur gut, dass ich mal so weit unten war. Es hilft mir heute zu schätzen, was ich habe.

Aber zurück nach Glashütten. So hart der Start in Deutschland auch war – mit einigen Schrammen und Beulen lief er doch erstaunlich gut über die Bühne. Ich wurde dank einer Mitarbeiterin des örtlichen Sozialamtes gelegentlich bei einer Gastfamilie untergebracht, die mich wie ihren eigenen Sohn behandelte.

Einige Monate nach unserer Rückkehr zogen wir in das kleine, osthessische Städtchen Schlüchtern. Jawohl, wie schüchtern, nur mit L. Meine Großeltern, die ursprünglich aus der Hamburger Ecke kamen, hatten sich in diesem Luftkurort zur Ruhe gesetzt. Und ruhig war es da wirklich – aber schön ruhig.

Ich werde mir an dieser Stelle wieder mal erlauben, einen kleinen Zeitsprung zu machen. Was nun begann, war schließlich nichts weiter als ein ganz normales Kleinstadtleben. Muttern arbeitete in einer kleinen Modeboutique, mich ereilte der Stimmbruch und die Pubertät. Wie fast jeder Junge in dem Alter sah ich aus wie eine Pizza, gelegentlich auch mal wie ein Streusel-kuchen.

Mit Hängen und Würgen schaffte ich die Aufnahmeprüfung ins örtliche Gymnasium, eine richtig urig-nette Schule, die in einer großen Klosteranlage untergebracht war. Das Klosterleben sollte in den Folgejahren durch den Koch ein wenig mit Börsen-fieber infiziert werden.

VOM BRÖTCHEN AN DIE BÖRSE

Wie heißt es immer so schön: Man muss anfangs kleine Bröt-chen backen. Gesagt, getan. Selbst gebacken habe ich in dem zar-ten Alter von 13 Jahren natürlich nicht. Dafür aber habe ich dem benachbarten Örtchen Niederzell das täglich Brot geliefert. Oder besser gesagt, war ich der Typ, der zweimal die Woche die Bäckersfrau beim Brotausfahren begleitete. Eine absolut geniale Zeit. Ich war sozusagen der Glöckner von Niederzell, nur ohne Buckel. An jedem einzelnen Halt musste ich mich aus dem Auto-fenster lehnen und die Kundschaft mit einer Messingglocke her-beiläuten.

Die mittelständische Bäckerei, bei der ich mir etwas Taschen-geld dazuverdiente, spielte eine bedeutende Rolle in meiner wei-teren Karriere. Der Inhaber der Bäckerei, der für mich eine Art Vaterrolle eingenommen hatte, weckte mein Interesse an der Börse. Er spekulierte leidenschaftlich und saß jeden Abend, oft-mals nicht zufrieden, über seinen Kurstabellen.

Bäcker und Broker haben übrigens durchaus mehr als nur den Anfangsbuchstaben „B" gemeinsam. Denn es ist gar nicht so ein großer Unterschied, ob man versucht, ein Dreipfund-Kümmel-brot an den Mann oder die Frau zu bringen oder die Aktien der Bäckerei Kamps. Sie denken vielleicht, „der Koch redet wirres

Zeug". Keineswegs! Verkaufen ist verkaufen und der Umgang mit Menschen will gelernt sein. Ich lernte viel darüber in der Bäckerei.

Das Börsenfieber hatte mich also gepackt und sollte mich fortan nicht mehr loslassen. Konnte ich Friedhelm Buschs Börsenkommentare nicht sehen, wurde im Auto der Radiosender B5 eingeschaltet, der schon damals die Kurse der DAX-Werte rauf- und runterbetete. Da ich mir die teuren Hoppenstedt-Charts nicht leisten konnte, zeichnete ich mir selbst welche. Hätte ich damals schon gewusst, dass Charts ohne das Verfolgen einer sich selbst gesetzten Strategie vorrangig nur nette Bildchen sind, hätte ich mir die Arbeit wohl gespart.

Wie noch heute veranstalteten die Sparkassen an dem Gymnasium das alljährliche "Planspiel Börse". Einmal die Woche stattete der lokale Wertpapierberater unserer Klasse einen Besuch ab, um über die neuesten Entwicklungen zu sprechen. Im Nachhinein müsste man den Mann wohl eher als eine Art Dealer bezeichnen. Mit 15 Jahren hatte mich die Börse im wahrsten Sinne des Wortes an der Angel. Ganz zum Leid meiner Schulnoten. Wen interessiert schon Erdkunde, wenn man gerade auf die Ergebnisse von Lufthansa wartet. Statt auf Fußballplätzen oder in Schwimmbädern umherzuturnen, besuchte ich in meiner Freizeit Börsenseminare und investierte mein Taschengeld in Bahnfahrten nach Frankfurt. Ob Finanzvorträge an der Goethe-Universität oder bei der Deutschen Bank: Der Koch war mit von der Partie und lauschte den Profis.

Nun ist ja ein Börsenspiel eine schöne Sache. Aber wer will auf die Dauer nur spielen, wenn man auch ganz real dabei sein kann? Nach einer Weile kam mir Planspielen ein bisschen wie Masturbieren vor. Es macht Spaß, aber es ist eben doch nicht so wie echt. Man fühlt sich gut, aber es kommt eigentlich doch nichts dabei raus. Naja … Sie wissen, was ich meine.

Dank meiner Konfirmation sollte bei Klein-Markus endlich aus Spaß Ernst werden. „Dem Herrn sei Dank", denn ohne die milden Gaben meiner Verwandten hätte ich nie so früh Aktien kaufen können. Mit stolzen 2.000 Mark ging ich an den Start. Ich erwischte einen ziemlich schlechten, denn ich setzte auf den Autozulieferer Ymos. An dieser Stelle lernte ich erstmals, dass Christentum und Börse vieles gemeinsam haben. Himmel ohne Hölle ist wie ein Bullen- ohne Bärenmarkt. Alles hat eben seine unangenehmen Seiten. Und so musste ich schmerzhaft lernen, dass selbst in einem Bullenmarkt gewisse Aktien unter die Räder geraten können. Nur gut, dass ich wenigstens die Hauptversammlung von Ymos besuchte. Ich habe mindestens 30 Würstchen gegessen und meinen Aktenkoffer mit Kugelschreibern und Schreibblöcken voll gestopft. Schließlich musste ich meine Verluste mit der Aktie irgendwie wieder reinholen.

Mit meinem nun leicht dahin ge-Ymosten Konfirmationsgeld ließ sich so viel leider nicht mehr anfangen. Doch mein Tantchen sorgte für Nachschub und ich entdeckte meine Berufung zum pubertären Vermögensverwalter. Dazu aber mehr im nächsten Kapitel.

An meiner Schule hatte ich mir mittlerweile den Ruf des Börsenfreaks eingehandelt. Meine Lehrer hatten ihre wahre Freude an mir. In regelmäßigen Abständen verschwand ich während der Unterrichtsstunden, um mal angeblich schnell für kleine Königstiger zu gehen. An hektischen Börsentagen bin ich gleich mehrfach in der Stunde verschwunden. Anfangs noch unbemerkt rannte ich im Dauerlauf zu meiner Depotbank, die direkt neben der Schule lag.

Das Internet-Zeitalter war schließlich noch nicht angebrochen, geschweige denn gab es einigermaßen erschwingliche Funktelefone. So ein Handy war damals noch richtig teuer. Wollte ich also einen Wertpapierauftrag loswerden und wissen, wie die

Kurse stehen, musste ich mich aus der Schule zur Bank schlei-
chen. Es war gar nicht einfach, ungesehen der Pausenaufsicht zu
entkommen und keinem Lehrer über den Weg zu laufen. Zumal
ich bei vielen nicht gerade auf der Beliebtheitsskala ganz oben
stand. Ganz unten stand ich auf der meines Rektors. Er liebte das
Spiel „Jagt den Koch", doch er stieß auf einen harten Gegner. Es
sollte bei nur einem Versuch bleiben, mich von dem Gang zur
Bank abzuhalten. Per Anwalt und Muttern holte ich mir die
Sondererlaubnis für das Verlassen des Schulhofes ein.

Wie sich herausstellte, muss wohl so mancher Lehrer mit Freude mein Kasperle-Theater verfolgt haben. Sonst hätte ich später
sicherlich nicht das Geld einiger Lehrer verwaltet. Heute macht
es mir jedenfalls richtig Spaß, gelegentlich mal die heiligen Hallen
der Schule wieder zu betreten, um einen Vortrag vor den
Schülern zu halten.

Damit will ich das Thema Schule gut sein lassen. Aber es
stimmt: Viele Lehrer sind wirklich Vorbilder für ihre Schüler! Man
kann von ihnen lernen, wie man es anders machen soll. Es ist
manchmal leichter, zu begreifen, was man nicht will, als was man
will. Vor allem meinem Deutschlehrer habe ich viel Motivation
für meinen Weg zu verdanken. Mich hat seine ständig wiederholte Prognose besonders angespornt, nach der ich es im Leben nie
zu etwas bringen werde. Irren ist menschlich. Zurück zu meinen
ersten Börsenerfahrungen.

DER SCHULJUNGE ALS VERMÖGENSVERWALTER

Die eigenen Mittel waren damals viel zu knapp für die Aktienanlage. Nur gut, dass ich meine Tante überzeugen konnte, mir
Geld zur Verwaltung anzuvertrauen. Was ich damals noch klasse
fand, wurde später für mich zur Hölle. Geld von Freunden oder

Verwandten anzurühren, kann böse ins Auge gehen, vor allem wenn man kaum Erfahrung mit Aktien hat.

Zu Beginn hatte ich Glück und die Geschäfte liefen richtig gut. Dennoch sollte aus meiner Vermögensverwaltung schnell eine Vermögenszerwaltung werden. Das Geld meiner Tante schwand dahin und ich hatte die ersten schlaflosen Nächte. Wie sollte ich der guten Frau beibringen, dass ich eine Performance von vierzig Prozent hingelegt hatte – nur leider minus. Das Echo auf diese Mitteilung fiel so aus, wie ich es vermutet hatte. Hey, die gute Frau ist Skorpion. Mittlerweile verstehen wir uns aber wieder ausgesprochen gut und sie ist meine absolute Lieblingstante geworden. Es hatte wohlgemerkt nicht nur meine Tante erwischt. Auch einige meiner Lehrer hatten dem Börsenkoch etwas Geld anvertraut. Ob Ymos, Lufthansa oder Norsk Data, die Zeiten waren nicht die besten. Ich hatte schon damals erkannt, dass Technologie-Aktien Zukunft hatten. Dass Norsk Data aber nicht dazugehört, hey, wie hätte ich das ahnen sollen. Ich dachte, eine Aktie, die vor dem Abgrund steht, sei tierisch billig. Das war meine erste teure Lehrstunde über Börsenregeln: „Was billig ist, kann noch billiger werden." Selbst wenn man eine Aktie kauft, die gerade um 80 Prozent gefallen ist, kann diese Aktie nach dem Kauf noch mal 80 oder wie bei Norsk Data 100 Prozent einbüßen. Norsk Data meldete inklusive Tantchens Kohle Konkurs an. Immerhin konnte ich die Aktien noch verwenden, um mein Kinderzimmer zu tapezieren.

Das eingegangene Risiko war viel zu groß. Durch die ersten Erfolge habe ich die Welt durch eine rosarote Brille gesehen. Ich glaubte, ich könne ohne Arbeit mit Aktien reich werden, und musste nach ziemlich kurzer Zeit genau das Gegenteil lernen. Wer die Hitze nicht verträgt, darf nicht in die Küche gehen. Statt mit Aktien reich zu werden, fiel ich vollends auf die Nase.

Interessanterweise gehen ausgerechnet die Leute, die kein

Geld haben, ein oftmals höheres Risiko ein als die Menschen, die bereits reich sind. Ein reicher Mensch will eben in erster Linie reich bleiben und ist deshalb vorsichtig. Ein vergleichsweise Armer will dagegen zuerst reich werden und geht dafür auch mehr Risiken ein.

Wie sagte doch André Kostolany: „Wer viel Geld hat, kann spekulieren; wer wenig Geld hat, darf nicht spekulieren; wer kein Geld hat, muss spekulieren."

Mit 19 Jahren war ich ganz, ganz unten. Das erste Mal seit langem musste ich lernen, dass 100 Mark viel Geld sind, vor allem, wenn man mehr Schulden als Haare auf dem Kopf hat. Ich hatte das Geld schneller rausgehauen, als es wieder reinkam. Die freundlichen Herren des Kreditinstituts haben den Rest dazugetan und mir fleißig immer mehr Überziehungskredit eingeräumt. Dabei wussten sie, dass meine Mutter schon genug Schwierigkeiten hatte, uns mit ihrem Verkäufergehalt über dem Wasser zu halten. Als mir der Hahn dann endgültig abgedreht wurde, stand ich mit über 70.000 Mark in der Kreide. Tja, da muss man einen Haufen Brot ausfahren, wenn man jemals wieder Oberwasser gewinnen möchte. Dennoch bin ich im Nachhinein sehr froh, dass mir diese Bauchlandung passiert ist. Ich erinnere mich noch gut daran, wie ich in meinem Kinderzimmer saß, aus dem Fenster blickte und sah, wie mein Kadett abgeschleppt wurde. Dabei stand ich gar nicht im Halteverbot. Muss wohl die Leasingrate gewesen sein, die ich nicht mehr bezahlen konnte. Nur gut, dass ich diesen Abwärtstrend schon gewohnt war. Stufenweise ging es erst vom 3er BMW zum Kadett, vom Kadett zum Fahrrad und anschließend wieder zu Fuß.

Wenn ich ehrlich bin, war ich durch den frühen Erfolg sehr schnell vom pubertierenden Vermögensverwalter zum abgehobenen und weltfremden Möchtegern-Yuppie aufgestiegen.

Ich konnte damals meinen Erfolg, der mir größer vorkam, als

er tatsächlich war, nicht verarbeiten. Einen Großteil meiner Freunde hatte ich immer zum Essen eingeladen. Ohne Moos aber hatte ich auch keine Freunde mehr. Der Börsenfreak wurde zum Gespräch der Stadt. Die Leute wussten, dass ich fast bankrott war. Beinah täglich stand der Gerichtsvollzieher vor der Tür. Abgesehen von einigen Teddys konnte ich ihm jedoch leider nichts anbieten. Der wohl schwierigste Kampf in meinem jungen Leben begann. Wochenlang wusste ich nicht, wo mir der Kopf stand. Wie sollte ich diese Schuldenberge nur jemals zahlen? Meine Mutter musste Rechnungen begleichen und rutschte dadurch immer tiefer in die Miesen. Aber es war zu spät. Ich wusste nur eines: Es durfte niemals zum Offenbarungseid kommen, denn damit wäre eine Karriere im Finanzbereich unmöglich gewesen. Ich musste kämpfen und alles tun, um wieder auf die Beine zu kommen. Mein leiblicher Vater, damals noch Partner in einer Werbeagentur, zeigte mir ebenfalls die kalte Schulter. Lange Zeit konnte ich ihm das nicht verzeihen. Aber im Nachhinein kann ich seine Entscheidung verstehen und bin froh, dass er mich hat sitzen lassen. Ich musste lernen, selbst aus dem Sumpf wieder herauszukommen. An diesem Punkt in meinem Leben habe ich vor allem einem Menschen sehr viel zu verdanken.

Ich jobbte während meiner Schulferien bei dem Brokerhaus Dean Witter in Frankfurt. Mittlerweile gehört das Unternehmen zu der Investment Bank Morgan Stanley. Dort lernte ich den Broker Eberhard Gaul kennen, der später Chef von Dean Witter wurde. Eberhard blieb trotz seines Erfolges ein hilfsbereiter Mensch. Vollkommen selbstlos steckte er mir Geld zu, wann immer der Gerichtsvollzieher an meine Tür klopfte: Stets stand er an meiner Seite, obwohl ich ihn eigentlich gar nicht gut kannte. Das ist meines Erachtens das Schöne an der Börse. Man hilft sich gegenseitig, weil man weiß, wie volatil, hart und unberechenbar der Markt sein kann – schließlich können Aktien Existenzen genauso zerstören wie aufbauen.

Wenn ich heute in dem Gebäude in der Mainzer Landstraße in Frankfurt unterwegs bin, dem Ort, wo damals Dean Witter seinen Sitz hatte, denke ich noch oft an diese Tage zurück und die Lehre, die ich aus ihnen gezogen habe: Kredit aufnehmen ist einfach, Geld von Leuten leihen zu müssen, um einen Offenbarungseid abzuwenden, ist schwer. Ich hatte Glück und konnte dank der Hilfe eigentlich fremder Menschen wieder aus dem Schlamassel herauskommen. Aber es hätte eben auch ins Auge gehen können. Dann würde ich heute kein Buch schreiben und wäre sicher nicht der Börsenkoch, sondern Koch, der Bruchpilot.

Meine Banklehre bei der Düsseldorfer Privatbank Trinkaus & Burkhardt konnte ich letztendlich aus finanziellen Gründen nicht zu Ende führen. Schließlich reichte mein Lehrlingsgehalt kaum, um meine Unterkunft zu bezahlen, ganz zu schweigen von den Zinsen für meine Schulden. Wegen der Gläubiger, die mir im Nacken saßen, war ich gezwungen, neben meiner Lehre noch einen Nebenjob anzunehmen. Brav marschierte ich allabendlich zu dem Brokerhaus Hornblower Fischer. Da die Wall Street erst um 22 Uhr MEZ schließt, konnte ich nach der Arbeit von Trinkaus direkt bei Hornblower weiterarbeiten. Das waren dann wohl auch die ersten Schritte Richtung New York.

Da mir die Lehre kaum Geld einbrachte und der Job bei Hornblower ganz gut anlief, entschloss ich mich, den Weg eines Brokers einzuschlagen. Zeit zum Lernen für die Banklehre blieb mir ohnehin kaum. Nun muss ich im Nachhinein schon zugeben, dass die Entscheidung, meine Ausbildung frühzeitig zu beenden, keine leichte war. Schließlich wusste ich, dass ich ohne Lehre und ohne Studium bei einer Bank genauso viele Aufstiegschancen wie ein Hot-Dog-Verkäufer haben würde. Aber wie war das noch?

Mit Angst im Rücken lässt es sich besser an der Karriere arbeiten! Und mit etwas Mut und Willen ging ich dann meinen Weg.

Leider brach nach meinem unplanmäßigen Abgang bei Trinkaus auch der Kontakt zu dem damaligen Vorstandsvorsitzenden Herbert Jacobi ab. Besonders ihm hatte ich es zu verdanken, dass ich mit meinen wenig bewundernswerten Schulnoten bei dem renommierten Bankhaus landen konnte. Kein Wunder, dass er mir meine Kündigung übel nahm. Schade war es dennoch – weniger wegen seiner Position, sondern in erster Linie, weil ich ihn sehr bewunderte. Obgleich ich ihn eigentlich kaum kannte, war er für mich ein Mentor und Vorbild. Er verkörperte alles: Er hatte Stil, war sehr erfolgreich, nicht arrogant und ein Mensch, mit dem man reden konnte. Eines Tages so sein wie er, dachte ich mir so manches Mal.

Ich lernte Herrn Jacobi wenige Jahre vorher durch einen dieser wunderbaren Irrtümer kennen. Der Chef der Frankfurter Niederlassung dachte, ich sei Teilnehmer des damals laufenden Trinkaus & Burkhardt-Börsenspiels. Teilnehmer eines Börsenspiels war ich zwar in der Tat, nur nicht bei Trinkaus, sondern bei den Sparkassen. Bemerkt wurde dieser Irrtum von uns allen erst, als ich Herrn Jacobi bereits kennen gelernt hatte.

Nun ja, was soll ich sagen. Dieser traurige Tag, der mit der Kündigung bei Trinkaus begann, endete in einem TrinkHaus in der Düsseldorfer Altstadt. Erst Jahre später konnte ich meinen dortigen Kollegen erklären, was mich wirklich zu diesem Schritt bewegt hatte. Schön, dass sich die Wogen mittlerweile wieder geglättet haben und ich mit so manch altem Kollegen über die damaligen Ereignisse lachen kann.

Mit dem Abbruch der Lehre begann eine fast ebenso schwere Zeit bei Hornblower. Da ich durch meine Schulden manchmal nicht wusste, was ich essen sollte, gab's des Öfteren nur trockenes Knäckebrot. Im wahrsten Sinne des Wortes reichte es bei mir damals nicht einmal mehr für die Wurst auf dem Brot, geschweige denn für die Wohnungsmiete. Ich hatte in der Nähe vom Nordpark in Düsseldorf bei einer älteren oder besser gesagt uralten Dame ein sehr kleines Zimmer im dritten Stock gemietet. Ein Mikrozimmer direkt unterm Dach. Saunagänge konnte ich mir während der Sommermonate sparen. Und obwohl das Zimmer mehr als preiswert war, konnte ich mir die Miete so manches Mal nicht aus den Rippen leiern.

Manchmal blieb nur eins, um den strafenden Blicken der Vermieterin zu entkommen und nicht herausgeschmissen zu werden: ihr nicht über den Weg laufen. Um ins Haus zu gelangen, musste man an dem Küchenfenster der Vermieterin vorbeilaufen. Die Eingangstür war genau daneben. Wie also kommt man ungesehen ins Haus? Genau! Auf allen vieren unter dem Fenster durchrobben. Muss für die Nachbarn ein geniales Bild gewesen sein. Junger Mann, im dunklen Bankeranzug und mit schwarzer Aktentasche kriecht allabendlich zur Wohnungstür. Doch dieser Trick sollte nicht lange funktionieren. Nicht nur das Fenster stellte ein bedeutendes Hindernis dar; das Einrasten des Türschlosses und das leiseste Knarren der Treppenstufen fielen ihr ins Ohr. Ich bete, dass ich mit über siebzig Jahren auch noch so gut hören kann. Sie muss so was wie einen Koch-Alarm gehabt haben. Da ich mich nicht in Luft auflösen konnte, blieb mir keine andere Wahl, als sie endgültig um die Miete zu bringen. Ich zog aus und ins Büro meines Arbeitgebers ein. So diente des Chefs Couch zeitweise auch als Ruhestätte von Markus Koch.

Meine wenigen Sachen hatte ich im Aktenschrank versteckt, den Rest in der Wohnung zurückgelassen. So richtig geplant war der Umzug ins Office allerdings nicht. Ich bin halt eine Nacht dort geblieben. Das gefiel mir dann gar nicht so schlecht. Aus einer Nacht wurden zwei, aus zwei Nächten eine Woche. Insgesamt muss ich schließlich ungefähr ein Vierteljahr dort geknackt haben. Camping à la Koch. Wenigstens gab's da keine wilden Tiere. Einmal bekam ich allerdings überraschenden Besuch und ich vermute, dass bis heute niemand richtig weiß, was damals ablief. Ich lag gemütlich auf dem Sofa, das nur nach gewissen Umbaumaßnahmen wirklich gemütlich wurde. Aber Koch hat ja Phantasie. Die Nächte waren bisher auch immer ziemlich entspannend gewesen. Doch diesmal ist alles anders. Kaum liege ich, geht das Schloss der Empfangstür. Das Licht wird eingeschaltet. Ich höre Stimmen. Oh Fuck! Mein Chef ist da ... In der Eile blieb nur eines – ab unter die Couch. Da lag er nun, der Fernseh-Wall-Street-Berichterstatter-in-spe – unter der Couch und drüber der Chef. Es war in der Tat nicht nur für meinen Chef eine kurze Nacht. Bei dem aufregenden Ereignis blieb es dann glücklicherweise.

Die Zeit war ziemlich deprimierend für mich. Da das Office keine Gardinen hatte und jeder bei Licht reinschauen konnte, musste ich nachts immer mit aller Vorsicht mein Gemach errichten. Die Abende waren lang, die Nächte um so kürzer. Manchmal musste ich bis weit nach Mitternacht warten, um auch garantiert der Letzte im Büro zu sein. Schließlich war erst um 22:00 Uhr Marktschluss. Morgens hieß es schon um 6 Uhr aus den Federn oder besser aus den Sitzkissen, denn die Rasur in dem kleinen Gästebad musste beendet sein, bevor die Putzkolonne kam.

So hart die Zeit auch damals war, so lustig ist sie jetzt im Nachhinein. Ich möchte sie zwar nie wieder durchleben, aber missen möchte ich sie auch nicht.

Diese Zeit war für mich eine Akademie des Lebens. Ich habe gelernt, mich über Wasser zu halten, meine Taten besser abzuschätzen und mit Menschen umzugehen. Wie auch immer, die Nahezu-Pleite hatte auch Sonnenseiten. Sicherlich hält mich diese schwierige Erfahrung heute auf dem Teppich. Das Wort Schulden ist längst ein Fremdwort geworden und wird es wohl auch hoffentlich lange Zeit bleiben. Eberhard Gaul hatte damals schon zu mir gesagt, dass ich froh sein sollte über meinen Werdegang. Je früher man auf die Nase falle, desto leichter sei ein Comeback. Damit hat er wohl Recht gehabt. Hätte ich heute meine Firma auf Schulden aufgebaut, würde ein Absturz wahrscheinlich mit einer Millionenpleite enden. So war es damals eine vergleichsweise geringe Summe, die ich in den Sand setzte. Wehgetan haben die 100.000 Mark trotzdem.

Es kommt nicht darauf an, ob man 1.000 Mark oder 100.000 Mark in Aktien investiert. Für den einen sind 1.000 Mark viel Geld, für den anderen sind 100.000 Mark vielleicht gar nichts. Es ist alles eine Frage der Relation. Wichtig ist nur, dass man mit dabei ist und nicht auf Pump kauft, oder wenn, dann nur in einem sehr überschaubaren Rahmen. Das Verhältnis von Chance zu Risiko stimmt bei Spekulationen auf Kredit einfach nicht. Es ist schwer genug, bei der Aktienauswahl den Gewinner herauszufiltern. Dann aber noch eine Aktienperformance zu erzielen, die Kreditzinsen übertrifft und nachsteuerlich eine vernünftige Rendite abwirft, ist schier unmöglich.

DER WEG NACH NEW YORK

Meine erste Reise nach New York verlief genau so, wie man sich das vom Koch vorstellt. Schlauerweise verwahrte ich das Reisegeld sicherheitshalber nicht in meiner Hosentasche, sondern im Koffer. Der landete zwar auch, nur nicht in New York, sondern in England. Mit 60 Dollar bewaffnet, stand ich am JFK-Flughafen. Das Geld hätte gerade mal für eine Taxifahrt nach Manhattan gereicht. Was nun, sprach der Koch und rief erst mal Muttern an. Und das Gespräch lief in etwas so: „Hilfeeeeeeee! Geld weg, Koch in New York, und nun?" Der Anruf an sich war ein sinnloser Akt der Verzweiflung. Was wird wohl eine Mutter einem Sohn raten, der in New York ohne Geld sitzt? Nichts. Denn wenn schon beim Sohn die Sicherungen vor lauter Angst durchbrennen, dann knallt bei Muttern direkt die Hauptsicherung durch. Plong.

Selbst ein New-York-City-Cop, Retter der Reichen und Verteidiger der Einflussreichen, wollte oder konnte mir nicht helfen. Mein Gott, dass der Kerl mich nicht gleich weggesperrt hat, wundert mich noch heute. Einem geisteskrank wirkenden Hessen ohne Geld zu begegnen – schlimmer hätte es an dem Tag für ihn nicht kommen können.

Wie lächerlich ich auf den armen Kerl gewirkt haben musste! Kommt da so'n Typ und fragt in gebrochenem Englisch „sis is Markus. Wat shell do know?" Normalerweise resigniere ich nicht gleich, aber an diesem Tag gab es nur einen Ausweg: Der sofortige Rückflug nach Deutschland. Ich hatte damals eine wahnsinnige Angst vor der Stadt. Schließlich kannte ich Manhattan nur aus einschlägigen Kriminalfilmen. Hier schienen nur Typen wie Kojak Überlebenschancen zu haben. Für Markus Koch blieb nur noch die Flucht gen Heimat.

Ich buchte also um und flog in der nächsten United-Airlines-Maschine zurück nach Deutschland. Einen Rekord habe ich damit sicherlich geschlagen: Die kürzeste New-York-Reise aller Zeiten. Und zur Feier dieses doch recht depressiven Tages habe ich meine restlichen Dollars in eine große Flasche Champagner investiert.

Aber auch durch diese kleine Niederlage habe ich mich von meinem Vorhaben nicht abbringen lassen. Ich wollte an die Wall Street. Geld hatte ich jetzt allerdings keines mehr. Und wieder waren es Freunde und Bekannte, die mir aus der Klemme halfen. Ich saß, mit den Nerven am Ende, bei dem Düsseldorfer Vermögensverwalter Georg Boing auf der Couch. Unter Tränen erläuterte ich meinen gescheiterten Einwanderungsversuch ins Land der unbegrenzten Möglichkeiten. Er klopfte mir auf die Schulter, drückte mir 5.000 Mark in die Hand und schickte mich wieder auf den Weg. Und so flog ich nur eine Woche später wieder Richtung Big Apple.

Im Leben kommt es immer anders, als man denkt. Immer wieder setzten im Grunde fremde Menschen auf meine Zukunft, redeten mir Mut zu. Ob Georg Boeing, Eberhard Gaul oder Dieter Kley, Finanzchef der Gerry Weber AG in Halle – diese Menschen waren für mich da, als ich sie brauchte.

„Lieber eine Kerze anzünden, als über die Finsternis klagen"
Chinesische Weisheit

Ich hatte von Deutschland aus eine Unterkunft am Rande von Harlem gefunden. Nur muss man sich über einen Punkt im Klaren sein. Was in New York preiswert ist, um nicht zu sagen, sehr preiswert, das hat meistens einen bedeutenden Haken: Meine Unterkunft hatte einen Haken in der Größe eines Ankers. Das Haus lag direkt an der Grenze zu Harlem, im oberen Westteil der Stadt. Die Wände waren mit dieser herrlich riechenden, rot glänzenden Lackfarbe gestrichen.

Es gab nur eine Toilette und Dusche auf jedem Stockwerk. Hier wurde mir die Bedeutung von Seife und Eigentum erstmals wirklich klar. Denn in regelmäßigen Abständen verschwand meine Seife aus der Dusche. Kaum hatte ich dem guten Stück den Rücken zugedreht, schon war es verschwunden. Meine lieben Mitbewohner hatten wieder mal zugeschlagen. Auf meinem Zimmer besuchten mich gerne auch Ratten und Kakerlaken. War immer ein richtig nettes Treffen.

Mein Zimmer war etwa so groß wie eine Besenkammer. Es gab einen Wandschrank, dessen Tür immer abfiel, und eine Matratze, die das Wort Krätze nur so ausschrie. Wenigstens die nicht vorhandene Klimaanlage hat das Leben angenehmer gestaltet. Da das Fenster zum vermüllten Hinterhof sich nicht schließen ließ, war im Winter immer frische Luft garantiert.

Meine Warnungen konnten eine alte Schulfreundin nicht von einem Besuch abhalten. Jede Nacht lagen wir zusammengekuschelt in dem kleinen Schmuddelbett. Denn wenn die Heizung nicht funktioniert und das Fenster offen steht, ist Körperwärme ein schönes Mittel im Überlebenskampf in der Eiswüste New York. Es mag sich verrückt anhören, aber ich hatte da noch einen kleinen summenden vibrierenden Warmmacher dabei, der uns die Nacht versüßte – einen Föhn, mit dem ich uns alle paar Stunden einheizte. Nach der Rückkehr meiner Schulfreundin kamen auf Jahre keine Anfragen für Beherbergung. I wonder why?

Doch trotz allem hat mich New York bereits damals fasziniert. New York ist eine Stadt, die ihren Sexappeal nie verliert. Sie spendet so viel Energie, wie sie aus einem heraussaugt. Und ich liebe sie so sehr, wie ich sie manchmal hasse – eine ganz normale Liebesbeziehung eben. Deshalb kann ich mir auch nicht vorstellen, ohne sie zu leben, so anstrengend die vielen Menschen und das 24-Stunden-Leben auch sein mögen: Diese Stadt echot jeden Tag aufs Neue eine Message für mich: „Lead, follow or get out of the way!" Leite, folge oder geh mir aus dem Weg. Du willst ein Teil von mir sein? Dann verdiene es dir. Dann darfst du mich auch genießen. In anderen Worten: Ohne Moos nichts los!

Das erste Halbjahr in New York war hart. Keine Arbeitserlaubnis, kein Job, keine Kohle. Die beste Voraussetzung für Erfolg, denn tiefer als ganz unten gibt es schließlich nicht. Es kann also nur noch aufwärts gehen. Als "illegal alien", so nannte mich damals noch die Einwanderungsbehörde, klapperte ich ein halbes Jahr die Brokerhäuser in New York ab. Von der Chemical Bank über UBS bis hin zur Deutschen Bank – ohne Erfolg. Immerhin habe ich es einmal bis zum Vorstand von Merrill

Lynch geschafft. Der wusste allerdings nicht, was er mit mir anfangen sollte. War ein tolles Gespräch: Ich musste damals das *Wall Street Journal* noch mit Wörterbuch lesen und sprach Englisch mit starkem liberianischen Akzent. Was für einen Eindruck muss ich wohl auf diese armen Menschen gemacht haben. „Was können Sie Herr Koch?", fragten sie und mussten hören: „Sis is a grat Schanze tu bi hir." Ich hätte höchstens in der noch zu gründenden Wall-Street-Sektion Lach- und Sachgeschichten einsteigen können. Gut, dass es die Glücksschwein-Theorie gibt, die da lautet: Immer am Ball bleiben und hoffen, dass man zum richtigen Zeitpunkt am richtigen Ort ist. So war's dann auch.

DER ERSTE JOB, ES GEHT AUFWÄRTS

Mittlerweile ziemlich entmutigt, marschierte ich in die Büros von Heiko Thieme. Und dann passierte es – der in Deutschland als Dauerbulle bekannte Fondsmanager und ich kamen ins Geschäft. Ich bekam eine Chance beim American Heritage Funds, er einen kostenlosen Mitarbeiter. Und was für einen! Ohne meine Tätigkeit als FSLKS-Manager wäre sein Fonds wohl nie so groß geworden. Falten, Stecken, Lecken, Kleben, Schicken – 400 Briefe brachte ich so täglich auf den Weg. Meine Performance hat Heiko derart begeistert, dass ich wenige Monate später den wirklichen Einzug an der Wall Street feiern konnte.

Raus aus den Büros des American Heritage Funds, rein in die heiligen Hallen des Brokerhauses Bear Stearns & Co. auf der Park Avenue. Ich durfte bei Heikos damaligem Geschäftspartner und Managing Director von Bear Stearns arbeiten. Obgleich ich mir bei meinem neuen Chef gelegentlich wie in einem Sadomaso-Laden vorkam, schien es endlich bergauf zu gehen. Bear Stearns ist immerhin eines der Topbrokerhäuser an der Wall Street. Nach der langen Durststrecke war es ein erhebendes Gefühl, morgens in die prächtige Empfangshalle zu marschieren, in den neunten Stock zu fahren und mich unter all die anderen Broker an einen Schreibtisch zu setzen.

Dort saßen sie, die Broker, starrten auf ihre Bildschirme und telefonierten konzentriert, um neue Kunden an Land zu ziehen und Aktienideen zu verkaufen. Wie bei vielen Brokerhäusern mussten Anfänger in den ersten Monaten mindestens 60 neue Konten eröffnen, um bleiben zu dürfen. Wer das schaffte, musste die hart erackerten Konten gleich wieder an seinen Chef abtreten, erst das 61. Konto war das eigene. Was sich einfach anhört, ist so schwer, wie ein Kamel durch das sprichwörtliche Nadelöhr zu zwängen. Eine alte Regel in der Branche besagt, dass bei hundert Telefonaten ein bis zwei neue Konten rausspringen.

Ich selbst war anfangs ziemlich lausig in der Anwerbung neuer Kunden. Die Personen, die nicht gleich bei den Worten „Hi, ich bin Markus und ich rufe von XY an" auflegten, verwickelten mich in endlose Gespräche zum Thema Sinn und Unsinn der Börse. Viele Konten habe ich nicht eröffnet, aber es reichte, um bleiben zu dürfen. Ganz zur Freude meines Chefs. Telefonakquise ist für den Chef immer eine Geldmaschine. Das Gehalt der Neulinge tendiert gegen null, so dass schon wenige ihrer Akquisitionen Gewinn bringen. Je mehr Assistenten, desto mehr neue Konten. Je mehr neue Konten, desto mehr Wertpapierprovisionen. Je mehr Provisionen, desto größer das Haus vom Chef in den Hamptons, dem Wochenendressort der New Yorker Wall-Street-Szene auf Long Island.

Genau dieses Konzept treibt einen an. Einmal selber Chef sein, einmal selbst Assistenten haben, die einen reich machen, einmal selbst ein Haus in den Hamptons besitzen. Die Chance liegt vor einem, wer den nötigen Hunger mitbringt, kann es schaffen. Kaum ein anderer Job bietet so gute Aufstiegschancen für jedermann. Wenn du das Konzept verstehst, verkaufen kannst und das richtige Gefühl für Trends und Aktien besitzt, hast du die Chance, zu gewinnen, ganz gleich, ob du Doktorand, Betriebswirt oder Taxifahrer bist. Eine meiner besten Bekannten in New York, Michelle, arbeitete bis Ende der 70er Jahre als Chefkoch. Heute ist sie einer der erfolgreichsten und cleversten Broker, die ich kenne.

Mit dem Eintritt bei Bear Stearns hatte ich meinen Fuß in der Tür der Wall Street. Ach was, nicht nur einen Fuß. Ich saß in der Tür wie ein Elefant. Nichts sollte mich mehr aus dieser Bahn schmeißen. Meine Chance war gekommen! Endlich konnte ich mit Aktien arbeiten, Charts, Nachrichten und Analysen bewerten und mit Brokern dealen. Dass mein Boss ungenießbar war, konnte mich nicht abschrecken. Er gehörte zu den gut verdienenden im 9. Stock des Bear-Stearns-Hochhauses – ein Managing Director. Titel signalisierten den finanziellen Erfolg des Trägers. Eine Jahresproduktion an Wertpapiergebühren von über einer Millionen Dollar war nicht gerade eine Seltenheit. Wer Rang und Namen hatte, bekam Zugang zum Restaurant des Managements, das richtig nobel im Vergleich zur Cafeteria für den Rest der Mitarbeiter ist. Wieder sind wir beim Thema nackter Kapitalismus: Wer Geld macht, wird belohnt. Die Karrierechancen sind einzig und alleine auf ein Ziel ausgerichtet: Grüne Dollarscheinchen. Je mehr man davon für sein Unternehmen hortet, desto größer sind Bonus und Incentives. Und Boy, diese Incentives reizen und treiben einen Jungbroker richtig an.

Für mich war anfangs sogar die Cafeteria zu teuer. Mit dem Einzug bei Bear Stearns wurde mein Gehalt zwar um 1.500 Prozent angehoben, das heißt von einem auf 1.500 Dollar. Wer damals mit diesem stolzen Sümmchen in New York über die Runden kommen wollte, musste mehr als sparen. In dieser Stadt bekommt man für 1.500 Dollar, vor Steuern natürlich, nicht mal eine halbe Hundehütte. Mein Chef kannte meine Situation. Er wusste, dass ich auf den Job angewiesen war. Ich konnte nicht kündigen und meine einzige Chance wegwerfen. Ich musste durchhalten. Wegen jeder Kleinigkeit wurde ich lauthals im Großraumbüro zusammengebrüllt. Wenn die Klammer am Papier statt auf der rechten, auf der linken Seite war. Wenn ich das Telefon nicht beim ersten Klingeln abgenommen habe. Tja, selbst wenn ich zu lange auf dem Pott war, kam eine Beschwerde. In der Anfangszeit habe ich mich oft aus dem Büro gestohlen, um die eine oder andere Träne nicht vor den anderen zu vergießen. Aber ich musste es schaffen!

Mein damaliger Chef war kein Einzelfall. Da jeder Broker mehr oder minder selbständig ist, verteidigt er sein Claim bis aufs Messer. Wer dem anderen zu viel Spielraum gibt, wird auf die Dauer die Oberhand verlieren. Immer die Kontrolle zu behalten, ist in der Branche überlebenswichtig. Da jeder oben sein möchte, stellen die Untergebenen eine Gefahr für den Chef dar. Kaum erstaunlich, dass die wirklich Erfolgreichen in der Branche nicht nur gut sind und ihr Metier beherrschen, sie sind gelegentlich auch charakterschwache Menschen. Mit allen Mitteln kämpfen sie im Haifischbecken um jeden Dollar – allen voran mein Chef.

Statt wenigstens etwas Weihnachtsgeld gab es am Ende des ersten Halbjahres eine Matratze für 200 Dollar. Mehr war nicht drin. Aber ich will nicht meckern. Immerhin brauchte ich nicht mehr in dem Schlafsack auf dem Teppichboden zu schlafen. Obwohl sein Jahreseinkommen im siebenstelligen Bereich lag, war mein Boss zu geizig, sich neue Schuhe zu kaufen. In seinem Schreibtisch hatte er immer diese hässlichen, stinkenden schwarzen Sportschuhe. Kaum kam er morgens ins Office, wurden die guten Schuhe aus- , und die schwarzen Sportschuhe angezogen. Einmal im Monat, wenn die Farbe abzublättern drohte, kam wieder neue Schuhcreme drauf.

Leider laufen einem diese Art Menschen an der Wall Street gelegentlich über den Weg. Je erfolgreicher, desto unangenehmer. Viele dort glauben, dass Erfolg nur mit der Brechstange zu erreichen ist. Ich bin eigentlich sehr froh, dass ich anderthalb Jahre unter diesem harten Boss leiden durfte. Ich habe viel von ihm gelernt, zum Beispiel mich an einem Gedanken festzubeißen und trotz größtem Widerstand nicht loszulassen – oder: immer nach Perfektion zu streben, auch wenn es unmöglich scheint. Wenn die Büroklammer links sitzen soll und der Kunde verlangt es, dann soll es so sein. Auch, wenn es falsch ist. Der Kunde ist König. Ich muss zugeben, dass ich ihn trotz seiner schrulligen Art und all seiner Strenge sehr für diese Erkenntnisse schätze und ihm dafür dankbar bin.

Aber ich war nicht der Einzige, der einen so unmenschlichen Chef hatte. Ich liebe die Telefonate mit meinem alten Kollegen Tom Mulligan. Er hatte damals das ähnlich große Vergnügen, für einen der superreichen Power-Broker zu arbeiten. Toms Boss hatte den Charme einer Kreissäge. In regelmäßigen Abständen schrie er seine Kollegen derart an, dass es so manch zarte Assistentin aus den Latschen hob. Plomm – wieder eine in Ohnmacht gefallen. Aber seinen Job beherrschte er perfekt. Er war ein echter Meister des Telefonverkaufs. In einem Gespräch hatte er einem Kunden glaubhaft eingetrichtert, dass er das Wasser sei und der Kunde das kleine Pflänzchen. Nur er könne das Pflänzchen zum Wachsen bringen. Schon genial, oder? Der Mensch eröffnete jedenfalls ein Konto bei ihm.

Heute ist Tom Trader bei Knight Securities, dem weltgrößten Handelshaus für Nasdaq-Aktien. An hektischen Tagen beschränken sich die Telefonate auf einen Satz: „Warum ist Intel schwach – what's the Story", frage ich und lege den Hörer auf, ohne mich zu verabschieden. Sekunden später klingelt der Rückruf. Toms Antwort: „Morgan Stanley ist auf der Verkaufsseite – 500.000 to sell". Klick, schon tutet es wieder auf der anderen Seite.

Tom ist die absolute Ochsentour auf dem Weg nach oben gegangen. Nachdem er kurzerhand seinen Koffer bei Bear Stearns gepackt hatte, versuchte er alles, um an einen neuen Job an der Wall Street zu kommen. Wochenlang marschierte er vor der New Yorker Aktienbörse auf und ab, um den Brokern, die gerade eine Rauchpause eingelegt hatten, ein Arbeitszeugnis in die Hand zu drücken. Eine solche Aktion wäre vor der Frankfurter Börse wahrscheinlich undenkbar. Bei uns an der Wall Street will man aber Leute sehen, denen nichts zu erniedrigend ist, um den Weg aufs Parkett zu schaffen. Tom bekam seine Chance, nachdem er ein halbes Jahr arbeitslos war und zeitweise sogar auf dem Bau gearbeitet hatte. Eines Abends lernte er zufällig in der Kneipe einen einflussreichen Fondsmanager kennen, der ihn bei Knight unterbringen konnte. Heute verdient er in einem Monat, was viele in drei Jahren nicht verdienen. Manchmal juxen wir über die guten alten Zeiten. Wir erinnern uns an unsere Chefs und daran, dass Tom kurz davor war, mit einem „Hot-Dog-Schild" um den Hals auf der Finanzmeile Manhattans auf und ab zu marschieren.

An meinem letzten Tag vor dem ersten und missglückten Übersiedlungsversuch nach New York besuchte ich meinen guten Freund Eberhard Gaul in Frankfurt. Gerne erinnere ich mich an das, was er damals zu sagen hatte. „Du musst dich für einen Weg entscheiden und auf diesem Pfad bleiben, egal was passiert!" An diesem Tag nahm ich das letzte Mal Geld von ihm an und machte mich auf den Weg mit diesem einen so wahren Satz im Hinterkopf und dem Willen, es zu schaffen! Ich glaube, dass viele Menschen gute Ideen haben. Viele aber meinen, dass sich Erfolg schnell einstellen muss. Sie übersehen dabei, dass auch Zielstrebigkeit, Genauigkeit und Disziplin dazugehören, um ihn umzusetzen. Wer einen Traum hat, wird zwar nicht immer, aber sehr oft mit Hartnäckigkeit an sein Ziel kommen. Dabei ist es gar nicht so wichtig, es tatsächlich zu erreichen. Hauptsache ist, dass man einen hat. Leider wird in unserer Gesellschaft oft vergessen, dass Träume wichtig sind. Man muss ein Ziel vor Augen haben. Jeden Tag, jede Minute. Wer sich nicht abbringen und nicht brechen lässt, hat eine gute Chance, sein Ziel auch wirklich zu erreichen. Es ist für mich keine Schande, hinzufallen, das ist ganz normal. Das Einzige, was man nie tun darf, ist liegen bleiben. Immer aufstehen! „Be a pain in the ass", wie es an der Wall Street heißt. Sei eine Nervensäge und bleib am Ball!

Mit 19 Jahren und Schulden bis über beide Ohren wurde ich in die Wirklichkeit und auf den Boden der Tatsachen zurückgeholt. Ein Aufprall, so hart wie der Frontalzusammenstoß mit einem Panzer. Ouch! Aber ein gesundes Ouch! Ich spürte wieder, dass ich niemand war. Und ich wusste, dass ich einen Neuanfang brauchte, weit weg von Deutschland. Ich wollte eine Chance, mein Leben neu aufzubauen und den Glauben an mich selbst wieder zu gewinnen. Ich wollte ein Leben ohne Schulden und wieder Menschen finden, die an mich glauben und die ich nicht enttäuschen würde. Umso schöner ist heute das Gefühl, aus eigener Kraft meine Schulden abbezahlt und eine Firma aufgebaut zu haben, die schuldenfrei ist.

Nach fast acht Jahren an der Wall Street bin ich davon überzeugt, dass man als erfolgreicher Broker das Verhältnis zum Wert des Geldes bis zu einem gewissen Maß verlieren muss. Während eines Trades den Gedanken daran zu verschwenden, mehrere Millionen oder Hunderttausende zu riskieren, hemmt und macht unflexibel. Der größte Fehler beim Traden ist Zögern. Treffe deine Entscheidung und führe sie umgehend aus – jede Sekunde zählt im Millionenpoker. Ich glaube, dass es da sehr schöne Parallelen zum Privatleben gibt. Wer sich nur beschwert, resigniert. Stattdessen sollte man handeln und dann mit den Konsequenzen leben können. Dass viele Broker das Verhältnis zum Geld verlieren, hat wohlgemerkt auch große Nachteile. So verdienen die Jungs zwar reichlich Zaster, aber sie geben ebenso reichlich davon aus. Einige sind hochverschuldet. Monatsgehälter von 40.000 bis 100.000 Dollar sind nicht selten, aber was sind diese Gehälter schon, wenn man am Tag mit 20 bis 50 Millionen Dollar handelt. Es ist schwierig, in diesem Umfeld das Verhältnis zum eigenen Einkommen zu behalten.

DAS PRESSEBÜRO

Auf den Gedanken, mich selbständig zu machen, brachte mich ein Arbeitskollege bei Bear Stearns. Bei ihm führte der Arbeitsstress dazu, dass sein Gewicht um mehrere Dutzend Kilo schwankte. Irgendwie ein echt lustiger, knuffiger und netter Typ, der mich unter seine Fittiche nahm. Er war der Inbegriff eines Brokers, der zwar mit kleinen, aber dafür vielen Fischen seinen Lebensunterhalt bestritt. Vor lauter Stress fiel ihm beim Essen in der Mittagspause mehr Essen aus als in den Mund! Er hatte ein gutes Herz und glaubte wirklich an das, was er seinen Kunden verkaufte. Auch wenn es oftmals in die Hose ging.

Dabei werden die traditionellen Broker, die auf Privatkunden spezialisiert sind, auf die Dauer ihre Schwierigkeiten bekommen. Die sinkenden Wertpapierprovisionen und der Trend zum Onlinegeschäft graben ihnen das Wasser ab. Wie sehr sich die Zeiten geändert haben, sieht man am Marktführer Merril Lynch. Anfang 1999 verkündete John Steffens, bei Merril für das Brokerage-Geschäft verantwortlich, dass die Do-it-yourself-Methode des Investierens, gemeint war vor allem der Internethandel, eine bedeutende Bedrohung für das finanzielle Wohlbefinden der Amerikaner darstelle. Ziemlich harte Worte, bedenkt man, dass bereits im Juni des gleichen Jahres auch Merril den Einzug in genau dieses doch so bedrohliche Geschäft verkündete.

Die traditionellen Broker, die von ihren Kunden einige hundert Dollar pro Trade verlangen können, hatten einen unangenehmen Konkurrenten im eigenen Haus: Internet-Trading mit Gebühren von teilweise unter 30 Dollar pro Trade.

Und nicht nur das hatte sich geändert – wie heißt doch gleich der Spruch: Wissen ist Macht.

Dies hat sich in der New Economy geändert – der Zugang auf Informationen ist nicht mehr auf den teuer bezahlten Broker beschränkt. Das Internet demokratisiert den Aktienhandel, jeder hat Zugriff auf Informationen. Diese Entwicklung entwertet das Fachwissen des traditionellen Brokers. Früher wurde man dort Kunde, um Zugang auf wichtige Informationen zu bekommen. In der New Economy kann man die wichtigen Informationen als Privatanleger selbst ausfindig machen – jeder kann Experte sein, nicht nur der Broker.

Vielleicht gehen deshalb immer mehr Broker dazu über, statt Einzelideen dem Kunden eine Investmentstrategie zu verkaufen. Denn wenn auch der Broker durch die Demokratisierung von Infos an Expertise verliert, gewinnt er auf der anderen Seite auch wieder. Investoren werden durch Informationen derart überflutet, dass sie unterm Strich immer verunsicherter werden und der Profi zwecks der Entscheidungsbildung benötigt wird. Kein Wunder, dass sich traditionelle Broker, die auf das Privatkundengeschäft spezialisiert sind, zunehmend auf den Verkauf von Asset-Management oder Fondsstrategien konzentrieren. Doch auch wenn sich dieser Trend dorthin verstärken sollte, macht ihn noch immer die Minderheit aus.

Statt den Kunden eine Strategie zu verkaufen, versuchen die Jungs in mühsamen Telefonaten immer wieder, einzelne Aktienideen an den Mann zu bringen. Lässt der Kunde sich überzeugen, fließt wieder eine Provision. Die Abwesenheit eines roten Fadens im Depot führt auf die Dauer oftmals zu unerfreulichen Wertentwicklungen. Statt den Kunden strategielos Aktienideen zu verkaufen, spezialisieren sich jedoch immer mehr Händler auf den Verkauf von Asset-Management oder Fondsstrategien.

Doch das ist die Minderheit. Die Mehrheit der Broker verkauft einzelne Aktienideen. Da sie in den USA nur Aktien verkaufen dürfen, die von Analysten empfohlen wurden, ist deren Einfluss ungemein groß. Die Prophezeiungen der Analysten erreichen die Broker via kleine schwarze Lautsprecher, so genannte Squawkboxen, die in den Handelsräumen auf den Schreibtischen stehen. Jeden Morgen vor Börseneröffnung ist Squawkbox-Zeit. Wie aus Blecheimern schallen die Stimmen der Analysten und Topstrategen durch die Handelsräume. Die Broker bekommen die Marschrichtung des Tages: Was ist heiß, was muss man haben, welche Aktie sollte man meiden. Man informiert die Händler und Broker über die Auf- und Abstufungen des Tages und gibt ihnen Munition für den Kampf um den nächsten Wertpapierauftrag. Wird also eine Aktie auf „kaufen" gestuft, geht die Jagd auf Kunden los. „Hi, wir haben IBM auf ‚aggressiv kaufen?' gestuft. Die Ergebnisse sollen die Erwartungen übertreffen." Mag sein, dass sich der angerufene Kunde auf einen Trade einlässt.

Der potenzielle Kunde sollte sich auf jeden Fall überlegen, ob die Aktie in seine Investmentstrategie passt. Außerdem sollte er bedenken, dass bereits am nächsten Tag ein anderes Brokerhaus die gleiche Aktie wieder abstufen könnte. Und schon wäre der Vortagesgewinn flöten. Gedenkt man, die Aktie länger zu halten, muss sie in das Gesamtkonzept passen.

Hätte ich nicht den Schritt in die Selbstständigkeit gewagt, wäre ich noch heute bei Bear Stearns. Ein Kollege meines Chefs hatte mir damals angeboten, zunächst sein Assistent und später sein Nachfolger zu werden. Es sollte anders kommen. Da ich schon mit 18 Jahren den Hang zum Schreiben entdeckte, hatte ich während meiner Anfangszeit in New York immer mal wieder den einen oder anderen Artikel in der deutschen Fachpresse abgesetzt. Meine erste Story erschien in der Wirtschaftswoche Ende der 80er Jahre. Wenn ich mich recht erinnere, ging es darin um Ölwerte. Je näher ich die Journalistenszene in New York kennen lernte, desto stärker fiel mir auf, dass es – abgesehen von einigen Tageszeitungen und nur sehr wenigen Magazinen – keine deutschsprachige Börsenberichterstattung gab. Statt im Brokergeschäft zu bleiben, machte ich mich 1994 mit dem besagten Kollegen meines Chefs selbständig. Die Presseagentur IRM Services, Inc. wurde mit einem stolzen Startkapital von 1.600 Dollar gegründet. Er sorgte für die Anfangsfinanzierung, ich musste das Geschäft aufbauen. Eine Kombination, die sich bezahlt machen sollte.

Anfangs ohne Büro und immer schön früh morgens habe ich mich bei Bear Stearns ans Telefon gehängt, um Finanzmagazine, Radiosender oder Zeitungen anzuwerben. Wenig erfolgreich, wohlgemerkt, denn wer kannte schon Markus Koch. Lange Zeit konnte ich die Firma auch nicht mehr auf Kosten meines damaligen Arbeitgebers aufbauen. Mein Chef wurde ziemlich bald durch ungewöhnlich hohe Telefonrechnungen auf meinem Apparat aufmerksam. Da aus Sicherheitsgründen Telefongespräche bei den meisten Brokerhäusern aufgezeichnet werden, war es eine Frage der Zeit, bis meine unternehmerischen Bemühungen aufgeflogen wären. Er zahlte aber erst mal brav die Telefonrechnung und zog es mir vom Gehalt ab.

Allmählich kamen die ersten kleineren Kunden an Bord. Der eine oder andere wollte zwar noch kein Geld für meine Berichte rausrücken, aber immerhin durfte ich ans Werk gehen. Die Spielregeln im Journalismus sind eigentlich klar definiert: Je mehr man veröffentlicht, desto besser sind die Chancen, den nächstgrößeren Kunden zu gewinnen. So sollte es dann auch sein. Mein erster Radiokunde war der kleine Sender Radioropa. Die Jungs haben keine müde Mark für meine Berichte gezahlt, aber der

Koch war plötzlich im Rennen. Im Printbereich landete ich bei der Zeitschrift Tango, die ziemlich gut zahlte, aber nur ein kurzes Gastspiel auf dem Zeitungsmarkt hatte. Das kleine Pflänzchen IRM begann zu wachsen.

An dieser Stelle habe ich Heiko Thieme für einiges zu danken. Heiko, dessen Büro auf der 6th Avenue direkt am Central Park liegt, stellte mir eine Art Dunkelkammer zur Verfügung. Immerhin hatten wir nun 10 qm, einen gebrauchten Packard-Bell PC und ein Telefon für 19,99 Dollar.

Anfang 1995 war es dann soweit: IRMs Umsatz war hoch genug, dass ich den Job bei Bear Stearns aufgeben konnte. So manche Rechnung musste zwar des Öfteren geschoben werden, aber mit einigen Schrammen, Hängen und gelegentlich mal einem Würgen konnte ich den Laden über Wasser halten.

In den ersten Jahren war die in Halle ansässige Gerry Weber AG mein Strohhalm in der Brandung. Um wieder mal ein paar Kröten in die trockene Firmenkasse zu spülen, durfte ich die Quartals- und Jahresberichte des Modekonzerns ins Englische übersetzen. Obgleich ich den Finanzchef kaum kannte, war er immer für mich da. Das, glaube ich, sollte man auch während einer Karriere nie vergessen. Man muss füreinander da sein. Ob der Finanzchef von Gerry Weber, der mich kaum kannte, Eberhard Gaul von Dean Witter, Gary von Bear Stearns oder die vielen anderen, die in der Not parat gestanden haben.

Ich wäre in meiner Karriere ohne diese Menschen niemals dort hingekommen, wo ich heute stehe. Ohne die Kollegen vom Hessischen Rundfunk in Frankfurt wäre ich auch nie vor der Fernsehkamera gelandet. Jeden Tag bin ich dem Frankfurter Börsenkommentator auf den Wecker gegangen. „Hi, Koch hier noch mal. Wollen Sie mich nicht mal als Gast einladen?" Irgendwann muss ihm das über die Hutschnur gegangen sein. Ich wurde als New Yorker Börsenjournalist in die Sendung eingeladen. Boy, vor Aufregung habe ich mir fast in die Hose gemacht. Aber unterm Strich muss ich wohl eine ganz gute Figur gemacht haben, sonst hätte mich Raimund Brichta von n-tv wohl nicht nach der Sendung angerufen. Wieder hatte die Pain-in-the-ass-Taktik funktioniert. Tata, und so konnte ich erstmals im April 1996 die Zuschauer bei n-tv begrüßen.

Um ehrlich zu sein, hätte ich den TV-Job im ersten halben Jahr fast geschmissen. Ich hatte vor der Kamera in dieser Phase des Öfteren das Gefühl, in die Wechseljahre zu kommen. Nur so konnte ich mir die permanenten Schweißausbrüche erklären. Dass ich nicht einmal in der Lage war, einen Satz ohne Stottern zu beenden, machte alles noch schlimmer. Ich muss der Pflaumenaugust der Nation gewesen sein. Bekräftigt wurde meine These durch so manch freundliches Schreiben einiger Zuschauer, die mich baten, bei der nächstbesten Gelegenheit doch bitte von der Balustrade der New Yorker Börse zu springen. Dieses Schreiben hängt übrigens heute als Mahnmal in meinem Office. Über die Monate gewöhnte ich mich an den Blick in das schwarze Loch der TV-Linse. Die negativen Zuschriften der Zuschauer halfen mir, die richtige Einstellung zum Fernsehen zu bekommen: Fuck it! Ich berichte so, wie ich es gut finde. Wem das nicht passt, soll abschalten. Hört sich krass an, ist aber nicht ganz so gemeint. Oder doch? Um im Fernsehen Erfolg zu haben, muss man sich selbst rüberbringen. Man muss eine Verbindung mit dem Zuschauer aufbauen können, und das geht eben am besten, wenn man natürlich ist. Klingt doch ganz einfach, die Kunst des Fernsehens. Sei du selbst und bete, dass man mit deiner Pappnase leben kann. Durch meine langjährige Erfahrung mit der Wall Street nimmt man mir inzwischen auch die Meldungen ab, wenn ich sie mit Witz präsentiere.

Im nächsten Kapitel meiner New-York-Biographie betritt eine Frau meine Welt. Eine einzigartige Frau, die mit mir die

Aufbauphase der Firma mit allen Ups und Downs durchmachte und die sich durch nichts erschüttern ließ. Um es vorab zu sagen: Katja Dofel war weder meine Frau noch Freundin noch Schwester. Sie war schlichtweg ein ganz besonderer Mensch in meinem Leben. Der erste Kontakt zu Katja, die heute für n-tv aus Frankfurt berichtet, kam durch einen Kunden von mir zustande. Damals arbeitete sie in München bei der SZ-Finanz, einem Newsletter der Süddeutschen Zeitung. Unser erstes Treffen in München war skurril. Frau mit Plan trifft auf Unternehmer im Aufbau. Noch etwas verunsichert, weil ich noch nie jemanden einstellen musste, wurde ich die ganze Zeit das Gefühl nicht los, dass eigentlich sie die Hosen anhatte. Übrigens nicht nur an diesem Tag. Der Kampf um die Hosen machte die zwei Jahre der Zusammenarbeit mit ihr um einiges interessanter. Zum Schluss haben wir uns drauf geeinigt, dass jeder ein Hosenbein bekommt, und so wurden wir dann glücklich – bis uns Katjas Rückkehr nach Deutschland leider wieder trennte.

Katja stieß 1997 zu mir. Mit ihr im Büro alias „die Dunkelkammer" fingen die Geschäfte an zu expandieren. In New York gibt es ein Sprichwort: „Wake up and smell the coffee", was so viel bedeutet wie „Guten Morgen! Von hier weht der Wind!" Katja brachte den frischen Wind in den Laden, den ich damals brauchte. Mit ihr zusammen zu arbeiten hat extrem viel Spaß gemacht. Sie wusste, worauf es ankam. Schade, dass sie heute nicht mehr bei uns ist. Katja ist eine Kombination aus Zartbitter- und Vollmilchschokolade. Privat ist sie zart und einfühlsam, wenn es um die Jagd auf Nachrichten geht, hart und zielstrebig. Doch selbst dann war sie noch so genießbar wie ein Schokoriegel. Tough, ja, aber Katja blieb dabei noch freundlich. Hartes Business ja, aber sie brachte ihre Ziele immer auf eine nette Art rüber. Get the picture? Könnte ich mir eine Schwester aussuchen, müsste sie so sein wie Katja. Sie war zu einem großen Teil daran beteiligt, dass unser kleines Pressebüro zu einer mittelgroßen Agentur heranwuchs.

Ich bin ein großer Fan der Glücksschwein-Theorie – anders kann ich das Zusammentreffen mit Jens Korte nicht erklären. Der gebürtige Hesse suchte nach seinem Volkswirtschaftstudium in Berlin eine neue Herausforderung im Ausland. Gesagt, getan: Am 1. Januar 1999 schlug er seine Zelte bei uns auf.

Yin und Yang der Wall Street hatten sich gefunden: Seine ruhige, ausgeglichene Art und meine Liebe für Hektik und Ungeduld prallten aufeinander – Doch gerade diese Unterschiedlichkeit hat Vorteile; unsere gegensätzlichen Charaktere ergänzen sich hervorragend. Binnen weniger Monate stieg Jens vom Trainee zum festen Mitarbeiter auf; heute ist er Partner und die rechte Hand im Haus, die weiß, worauf es ankommt!

Zunächst schrieb er für das Internet und versorgte verschieden Radiosender mit Berichten von der Wall Street. Nachdem Katja Dofel in die deutsche Heimat zurückgekehrt war, durften die n-tv-Zuschauer einen neuen Berichterstatter begrüßen. Boy, was hatte Jens anfangs vor der Kamera gezittert und geschwitzt. Es war immer lustig, in den ersten Monaten mit ihm in der U-Bahn an die Nasdaq zu fahren. Lauthals stammelte er die vorbereiteten n-tv-Texte runter. So vergeht die Zeit – heute hat er eine ansehnliche Fangemeinde und tourt mit Fachvorträgen durch Deutschland.

Im Sommer 2000 erwarb die Verlagsgruppe Handelsblatt eine Beteiligung von 25 Prozent an Wall Street Correspondents, wie die Firma seit 1999 heißt. Mit dem Verlag haben wir einen starken Kooperationspartner im Rücken, so dass wir auch in Zukunft in der New Yorker Finanzberichterstattung die Nase vorn halten können.

Zum Abschluss des Kapitels sei noch eines gesagt: Was eine

Firma erfolgreich macht, ist das Team. Ich habe selten eines erlebt, das so entschlossen an einem Traum arbeitet wie das unsrige. Ob Cristina Salerno, Häuptling des Geschäftsbetriebs und die gute Seele des Hauses, oder Brigitte Lausberg, „Wonderwomen" unseres Internetbereiches – alle arbeiten an dem Traum, etwas Substanzielles zu schaffen. Gemeinsam Erfolg haben macht richtig Spaß!

Zwei

FASZINATION BÖRSE – DAS MILLIARDENSPIEL

„Es geht nur um die Kohlen,
alles andere ist unwichtig"
Michael Douglas als Gordon Gekko in "Wall Street"

*h*ey, Guys – bin ich eigentlich wirklich Journalist? Nope! Zumindest sehe ich mich nicht so. Welcher Börsenberichterstatter steht schon des Öfteren mal verkleidet auf dem Parkett oder bringt Händler vor der Kamera zum Singen? Ob im Getränkebecher der Supermarktkette Seven Eleven (s. Bildteil) oder verkleidet als Zeichentrickfigur – das Motto lautet: Geld macht Spaß!

Ich bin ein eingefleischter Hobbybörsianer, dem es Spaß macht, über die Wall Street zu berichten. Ich will nicht nur Nachrichten bringen, sondern meinen Lesern und Zuschauern das Gefühl vermitteln, mit von der Partie zu sein, den Puls des Marktes zu spüren. Mir ist wichtig, gerade angesichts der Flut von Nachrichten nicht einer von denen zu sein, die nur trockene Meldungen runterbeten. Ich will nicht nur berichten, was an der Börse passiert, sondern das Geschehen hautnah vermitteln. Die Faszination Börse soll rüberkommen. Dass Börse mehr als faszinierend ist, konnte man in den vergangenen zehn Jahren mehr erleben als in jeder anderen Phase des US-Kapitalmarktes. Niemals zuvor in der Geschichte der Wall Street, im Grunde sogar in der Weltgeschichte, hat man einen derart nennenswerten Anstieg des US-Aktienmarktes gesehen. Zu Beginn des neuen Millenniums machten die amerikanischen Börsen fast die Hälfte der globalen Marktkapitalisierung aller Aktiemärkte aus, im Vergleich zu den 28 % im Jahr 1998 eine beachtliche Steigerung. Der beste Weg, langfristig Geld zu verdienen, ist der Aktienmarkt, nicht Anleihen, nicht Immobilien, nicht Briefmarken und auch nicht antike Möbel. Vielleicht ist deshalb die New Yorker Aktienbörse der zweitgrößte Touristenmagnet im Big Apple.

Täglich strömen mehrere tausend Menschen in die heiligen Hallen des Kapitalismus. Blickt man von der Besuchergalerie auf das Börsenparkett, kann man trotz moderner Computer förmlich spüren, wie der alte J. P. Morgan, einst der mächtigste Banker der USA, durch die Hallen schritt. Der Mann war der letzte Titan einer Wall-Street-Ära, die mit der Panik von 1907 zu Ende ging. Damals lag das letzte Mal das Schicksal der Wall Street in den Händen eines Mannes, in eben jenen mächtigen Händen von J. P. „Pierpont" Morgan Sr.

Gerüchte, wonach der Knickerbocker Trust, eine große New Yorker Bank, in finanziellen Schwierigkeiten stecke, lösten einen Run auf die Bankenszene der Stadt aus. Mit der Panik von 1907 begann eine der schwersten Finanzkrisen in der Geschichte der USA. Fast eigenhändig stemmte Pierpont Morgan die Krise. Mit Kapitaleinschüssen in das Bankensystem rettete er, gemeinsam mit den durch Eisenbahnen reich gewordenen Vanderbilts, die Wall Street vor dem Untergang. Ohne diese Magnaten hätte die Depression, die diese Panik ausgelöst hatte, ein ungeahntes Ausmaß angenommen.

Was für einen Mut muss Pierpont Morgan gehabt haben!

Vielleicht einen ähnlichen Mut und Hunger, wie man ihn heute noch auf das Parkett mitbringen muss. Wer sich dort beweist, kann es an die Spitze der amerikanischen Finanzwelt schaffen. Wie Sandy Weill, der mit 30.000 Dollar Schulden startete. Heute wird sein Vermögen auf über eine Milliarde Dollar geschätzt. Er ist Chairman und CEO der Citigroup, eines der mächtigsten Finanzkonglomerate. Ende der 50er Jahre begann er an der NYSE als Runner. Das sind die Jungs, die auf dem Parkett stehen und alle möglichen Papiere zwischen Broker und Brokerbuden hin- und hertragen.

Was für Schicksale wurden in dieser prunkvollen Halle besiegelt, welch riesige Vermögen gemacht und vernichtet! Manche verloren nicht nur ihr Geld, sondern auch ihr Leben – wie Jesse Livermore, der sich nach allen Ups und Downs 1940 in einem New Yorker Hotel erschoss. Auch die Börsengrößen J. P. Morgan und Cornelius Vanderbilt weilen nicht mehr unter uns, aber auf dem Parkett sind sie noch so lebendig, als würden sie neben einem stehen. Der Geist von ihnen steckt in jedem von uns Börsianern.

Ein Teil dieser Welt sein zu dürfen, in der Aufstieg und Abstieg so nah beieinander liegen, fasziniert mich jeden Tag aufs Neue. Haben Sie Aktien, dann wissen Sie, wovon ich rede. Haben Sie keine? Dann holen Sie es nach. Dieses Gefühl zu verpassen ist ein großes Defizit. Glauben Sie mir. Ich weiß, wovon ich rede. Vielleicht bringe ich Sie an manchen Stellen in meinem Buch zum Lachen. Vielleicht verärgere ich Sie auch. Mag sein. Als Journalist nehme ich dies alles gerne in Kauf. Mir kommt es nur auf eines an: Ihnen durch die Geschichten in diesem Buch das Leben und das Treiben dort unten auf dem Parkett näher zu bringen. Die Geschichten sind bewusst ganz bunt erzählt, denn so ist die Börse. Und doch ist das Handeln mit Aktien natürlich auch bitterer Ernst.

Manchmal stehe ich dort unten auf dem Parkett und blicke

nach oben an die Decke. Sie ist aus speckigem Marmor mit goldenem Stuck und hat schon ein paar runde Geburtstage gefeiert. Am 9. September 1911 um 4:35 PM wurde der Grundstein für die New Yorker Börse gelegt. Wissen Sie, was das Unglaubliche ist? Die Rufe, die durch den Raum hallen; das Lachen, all die Stimmen klingen wahrscheinlich genauso wie früher.

Nehmen Sie einen dieser vielen Händler von heute, setzen Sie ihm eine weiße Perücke oder einen Zylinder auf, ziehen Sie ihm einen langen, schwarzen Mantel, weiße Strumpfhosen und schwarze Schuhe mit Silberschnallen an. Nun versetzen Sie ihn per Zeitmaschine in die Wall Street ins Jahr 1794. Durch die kleine Gasse, die an einem Ende mit der Trinity-Kirche abschließt, drängelt er sich an Fleisch-, Fisch-, Früchte- und Gemüsehändlern vorbei bis zu dem berühmten Buttonwood-Baum durch. Die mächtigen Äste des Baumes spenden an heißen Sommertagen Kaufleuten und Händlern, die sich dort treffen, Schatten und einen kühlen Kopf für ihre Geschäfte. Am 17. Mai 1792 fand dort eine ganz besondere Versammlung statt: 24 Händler und Kaufleute kamen zusammen, um das Buttonwood-Abkommen zu unterzeichnen und damit den Vorläufer der New York Stock Exchange zu gründen. Wahrscheinlich ist diese romantische Gründungsgeschichte nicht ganz wahr – das Abkommen wurde vermutlich in einem Hotel in der Nähe des Baumes unterzeichnet.

Doch zurück zu unserem Zeitreisenden. Die vielen Karren auf der Straße, die strengen Gerüche – all das ist neu für ihn. Überall hängen Plakate, die irgendwelche Pillen und Elixiere anpreisen. Zeitungsjungs versuchen, den „New York Prices Current" zu verhökern. Die sehr erfolgreiche Wochenpublikation des Verlagshauses J. Oram hat vier Seiten und beinhaltet aktuelle Wertpapier- und Rohstoffkurse. Wohlgemerkt sind in der Rubrik „New York Price of Stocks" nur fünf Werte gelistet, drei davon sind US-Staatsanleihen.

Überall in der Umgebung zwischen den Schuhputzern und Barbieren gibt es kleine Cafés, in denen die Kaufleute ihre Geschäfte abwickeln. Doch unseren Broker zieht es in die größte und luxuriöseste Wall-Street-Lokalität. Etwa hundert Fuß entfernt von dem Buttonwood-Baum, direkt an der Ecke Water Street, liegt das Tontine Coffee House, eine Kombination aus Club und Konferenzraum.

203 Kaufleute hatten sich zusammengeschlossen, um den Bau von Tontine zu finanzieren. Die Tontine Coffee House Aktiengesellschaft wurde ins Leben gerufen. Jeder Kaufmann bezahlte 200 Dollar und erhielt dafür eine Aktie, die er jedoch laut Statut nicht selbst behalten durfte, sondern an Kinder oder andere Verwandte abgeben musste. Damit kein Fremder die Institution übernehmen konnte, legten die Bauherren fest, dass das Gebäude in den Besitz der letzten sieben überlebenden Aktionäre übergehen sollte.

Bis 1827 war das Kaffeehaus Zentrum des gesellschaftlichen, politischen und wirtschaftlichen Treibens. Mit der zu diesem Zeitpunkt gegründeten Merchants Exchange verlagerten Kaufleute ihre Geschäfte allmählich in die neuen Handelsräume der Börse. Die Kaffeehäuser verloren an Bedeutung als Handelsplätze. Auch das New York Stock & Exchange Board, wie früher die NYSE hieß, zog in das Gebäude der Merchants Exchange und mietete für jährlich 500 Dollar Raum 43 im zweiten Stock an.

Unser Zeitreisender darf noch einmal in die gute alte Zeit eintauchen, als das Tontine der Nabel der Handelswelt war. Er hat sich einen Platz in der Tontine gesucht und betrachtet das ungewohnte Geschehen. Plötzlich betritt ein gut gekleideter Mann den Raum. Mit lauter Stimme brummt er: „Was machen die Aktien? Wo notiert die US-Bank?" Nun geht es unserem Händler schon wesentlich besser. Denn obwohl er sich nicht im Jahr 2000, sondern im Jahr 1794 befindet, kommen ihm viele Begriffe bekannt vor. Ob Zinsen, Transfers, Aktien oder Anleihen – es hat sich in mehr als 200 Jahren gar nicht so viel verändert.

Zurück in die Gegenwart. Heute sind es die Menschen, die aus der Börse das machen, was sie ist – nicht Computer, nicht Glasfaseroptik, nicht das Internet, sondern Menschen! Wer hier die unausgesprochenen Regeln nicht beherzigt, ist ein toter Mann. „My word is my bond", was ich sage, gilt! Ich will mich der Technologie sicherlich nicht in den Weg stellen. Schließlich bringt sie viele Vorteile mit sich. Vieles wird effizienter, schneller, transparenter und preiswerter. Ich hoffe jedoch, dass neue Technologien diesem Sammelsurium aus Meinungen und Menschen nie den Garaus machen. Damit würden sie der Börse ihre Seele rauben.

Derzeit tummeln sich fast 4.000 Menschen auf dem Börsenparkett der NYSE, dem weltweit größten Finanzplatz – stolze 50 Milliarden Dollar werden an einem durchschnittlichen Handelstag hin- und hergeschoben. Ich glaube, dass keine Börse dieser Welt so verehrt und bewundert wird wie die NYSE. Hier an der Wall Street ist „er" wirklich noch zu spüren, der Herzschlag einer Börse.

Selbst nach fast acht Jahren New York ist der Gang über das Parkett für mich etwas Magisches. Wie in einem Ameisenhaufen wuselt es dort, der eine flucht und brüllt, der andere lacht und scherzt und schiebt sich zwischen den Aktienaufträgen schnell eine Scheibe der leckeren Sbarro-Pizza in den Mund. Ich fühle mich da unten wie zu Hause. In einem so rauen Umfeld? Genau das ist es eigentlich gar nicht. Dort unten kennt jeder jeden, man respektiert sich und steht füreinander ein. Man lacht viel miteinander, auch wenn es beim Verhandeln knallhart zugeht. Wie sonst könnte ich während eines gewöhnlichen Handelstages Broker dazu bringen, „Happy Birthday" für n-tv zu singen. Oder bei Weiberfasnacht mir den Schlips bei einer Liveschaltung abzuschneiden. Dennoch gilt bei allem Humor: „My word, is my bond!" Eine sehr angenehme Kombination von Business und Witz.

Glauben Sie nicht, dass diese Jungs bloß Yuppies sind, die nur Kohle im Kopf haben! Es geht um viel mehr. Es sind nicht nur Menschen, die sich die Haare zurückschleimen und Geld aus dem Fenster schmeißen. Viele von ihnen stammen aus ärmsten Verhältnissen. Alle sind Menschen, die jeden Tag aufs Neue bereit sind, um den Erfolg zu kämpfen.

Dieses Gefühl der Gemeinschaft ist für mich Börse. Ein Gefühl, das ich versuche, meinen Zuschauern in Deutschland zu vermitteln. Börse ist kein verstaubtes Thema für Wirtschaftsprofessoren, kein Buch mit sieben Siegeln und längst nicht so rational, wie manch Wissenschaftler es gerne hätte. Börse war für mich nie nur die Wirtschaftszahl, die Zinsanhebung, die Ertragswarnung. Für mich ist Börse ein Spiegel der menschlichen Seele.

Wenn man in der täglichen Berichterstattung arbeitet, lernt man viel über die Börse. Relativ schnell merkte ich, dass es im Grunde auf die Einzelempfehlungen und die einzelnen Tagesereignisse gar nicht so sehr ankommt. Trend und Story sind viel wichtiger. Rechtzeitig wittern, wann sich die Stimmung, die Psychologie des Marktes ändert und der Wind aus einer anderen Richtung weht. Hand aufs Herz: Wir sind doch, mit wenigen Ausnahmen, viel zu sehr Mensch, um im Tagestrading erfolgreich zu sein. Ist ja theoretisch eine tolle Idee, Daytrading. Aber sie funktioniert in der Praxis meistens nicht. Da heißt es, man soll Gewinne laufen lassen und Verluste mitnehmen. Yeah, Baby! Wenn's auch psychologisch so einfach wäre. Wer will schon gerne Verluste mitnehmen? So handeln dann auch die meisten Anleger genau umgekehrt. Verluste laufen lassen und Gewinne mitnehmen. Eine Garantie für ein blaues Auge und ein dahinschmelzendes Depot.

Drei

ERFOLGSGESCHICHTEN
RUND UM DIE WALL STREET

„Eine Milliarde hier, eine Milliarde da –
gleich reden wir über richtig Geld"
SENATOR EVERETT DIRKSEN

*i*ch muss ihn hier noch einmal aufschreiben, meinen Lieblingssatz aus der Wall-Street-Bibel: „You got the chance, Baby!" Zeig mir, was du kannst, und ich gebe dir, was du verdienst. Zeige mir deinen Hunger auf mehr, deinen Willen, für etwas zu kämpfen. Zeige mir den nötigen Biss und das Durchhaltevermögen, um als Sieger hervorzugehen. Lerne aus Niederlagen, um das nächste Mal Sieger zu sein. Es ist ein unglaublich erhebendes Gefühl, ein Teil dieser Menschen auf dem Parkett der New Yorker Aktienbörse geworden zu sein.

Als ich Schüler in Osthessen war, besaß ich eine Faltbroschüre des Brokerhauses Prudential Securities. Das Cover zeigte ein Bild von Manhattans Downtown. Der Sonnenuntergang warf ein leicht rötliches Licht auf die mächtigen Gebäude des Finanzviertels. Eines davon beherbergt die Weltzentrale von Prudential, gleich nebenan schiebt Merrill Lynch im World Financial Center täglich Milliarden von Dollar hin und her. Immer wieder schaute ich dieses Bild an. Eines Tages dort arbeiten, das war mein Traum!

Niemals hätte ich gedacht, dass ich schon mit 22 Jahren auf der Brooklyn Bridge stehen würde, um genau diesen Sonnenuntergang zu erleben. Die folgenden Seiten zeigen, dass so mancher Traum an der Wall Street wahr werden kann.

„Phantasie ist wichtiger als Wissen, denn Wissen ist begrenzt. "
Albert Einstein

Einigen gelang es sogar, durch harte Arbeit und reichlich Phantasie vom schlecht bezahlten Gehilfenposten zu den bestbezahlten Positionen der Finanzmeile aufzusteigen.

ALAN C. GREENBERG: CHAIRMAN DES BROKERHAUSES BEAR STEARNS

„Basiere deine Entscheidungen auf Logik. Meide die Herdenmentalität. Kontrolliere Kosten mit allen Mitteln. Setze das fundamental Notwendige durch. Befreie deine motivierten und intelligenten Kollegen von den Ketten beruflicher Hierarchie." Mit diesen Zielen vor Augen stieg Alan Greenberg alias Ace vom einfachen Handlanger eines Händlers zum Chairman des Brokerhauses Bear Stearns & Co. auf.

Unter seiner Leitung expandierte das Brokerhaus und gehört nun zu den ganz Großen der Wall Street. In den über 50 Jahren seiner Firmenzugehörigkeit stieg die Anzahl der Angestellten von 1.200 auf über 11.000; nicht ein einziges Jahr war verlustbringend. Der 1984 von der dänischen Königin zum Ritter geschlagene Ace fing mit einem Wochensalär von 32,50 Dollar bei Bear Stearns an, wurde 1958 Partner und gilt dieser Tage als einer der höchstbezahlten Köpfe der Wall Street.

Selbst Starinvestor Warren Buffett zieht seinen Hut vor ihm: „Ace Greenberg macht fast alles besser, als ich es tue – Bridge spielen, die Kunst der Zauberei, Hunde trainieren, Arbitrage –, alle wichtigen Dinge des Lebens."

Einmal die Woche geht Ace durch alle Stockwerke des Bear-Stearns-Wolkenkratzers in Midtown Manhattan. Zielstrebig läuft der mittlerweile 72-Jährige durch jeden Gang, um mit lauter, selbstbewusster Stimme zu verkünden: „Hi, Guys. Ha ya doin", wie geht's euch? Als wollte er rufen: „Ich bin für euch da." Oder ist es vielleicht doch eher der Wink mit dem Zaunpfahl: Big Brother is watching you?

Schnurstracks schreitet er durch die Räume und stoppt gelegentlich für einen kleinen Plausch an dem Schreibtisch einer Sekretärin oder eines Brokers. Während meiner Zeit bei Bear war Ace für mich die Verkörperung des „American way of business". Obgleich er Chairman dieses gigantischen Brokerhauses ist, sitzt er immer mit einer Zigarre im Mund und hochgekrempelten Ärmeln inmitten eines Großhandelsraumes. In seinem Schreibtisch, so munkelt man, verwahrt er einen Zauberzylinder. Zaubern ist ein großes Hobby von ihm. Sein kleines Office nutzt er täglich höchstens eine Viertelstunde lang. „Der Strom brennt schließlich hier draußen!", sagt er immer auf seiner Zigarre kauend.

Gerade als jemand, der nicht studiert hat, fühlte ich mich bei Bear gut aufgehoben. Brachte ich doch genau das mit, was Ace in seinen Mitarbeitern suchte. Kurz nachdem ich dort angefangen hatte, fiel mir eines seiner berühmten Memos in die Hände. Hier ein Auszug aus dem Schriftstück, das mit Mai 1981 datiert ist.

„Wenn sich jemand mit einem MBA bei uns bewirbt, werden wir ihm diesen Titel sicherlich nicht vorwerfen. Dennoch suche ich in erster Linie Personen mit dem Titel eines AKWs. Die Abkürzung steht für arm, klug und den tiefen Wunsch, reich zu werden. Diese Menschen waren es, die uns groß gemacht haben. Da sich unsere Konkurrenten anscheinend auf die MBAs konzentrieren, kann man noch viele dieser Menschen finden."

Ace hatte verstanden, dass viel Wissen nicht bedeuten muss, alles zu verstehen.

Es mag sich ziemlich exzentrisch anhören, aber der gute Ace leitete Bear Stearns eigentlich nicht ganz alleine. So manche Nachricht teilte er seinen Kollegen durch „Haimchinkel Malintz Anaynikal" mit – eine fiktive Person, die nur durch Ace als Sprachrohr kommunizieren konnte. Wer sich hinter diesem unaussprechlichen Namen verbirgt und ob es diesen Jemand überhaupt gibt, konnte ich nie wirklich in Erfahrung bringen. Es stand nur eines fest: Das Wort des nichtirdischen Wesens waren die Gebote aller Wandelnden unter der Sonne von Bear Stearns:

1. Bleib deinem Business treu.

2. Wache über dein Geschäft.

3. Limitiere deine Verluste.

4. Wache über deine Kosten wie ein Habicht.

5. Bleibe bescheiden, bescheiden, bescheiden.

6. Wenn du's mit einem Kunden zu tun hast, kenne ihn bis ins Detail und beschere ihm viel Geld.

7. Stelle AKWs ein: Arm, klug, mit Wunsch, reich zu werden.

8. Hilf allen Bereichen zu wachsen. Vielleicht ist die Ente von heute Morgen schon der nächste Wachstumsstar.

Und Boy, dieser Haimchinkel konnte ein ziemlicher Spielverderber sein. Mr. X war ein großer, vielleicht sogar etwas zu großer Verfechter von Kostenkontrolle. Wie das Sprichwort schon sagt: „Wer den Pfennig nicht ehrt, ist des Talers nicht wert."

Jeder musste darauf achten, dass Gummibänder, Papierklammern und sogar unbeschriftete Umschläge, die täglich eingingen, gesammelt wurden. Erstaunlicherweise gab es nie einen Mangel an diesem eingesammelten Material. Gummibänder und Büroklammern wurden bei Bear Stearns seit Jahren nicht mehr gekauft. Es scheint also tatsächlich zu funktionieren.

In einem Memo im April 1986 wies Anaynikal darauf hin, dass im internen Umlauf befindliche Briefumschläge nur an der linken Ecke angeleckt werden sollten. Wird ein Umschlag dann behutsam wieder geöffnet, könne er bei der erneuten Verwendung an der rechten Ecke zwecks Verschließung wieder angeleckt werden. Auf diesem Wege könne man Tesafilm sparen.

Ein anderes Mal ließ er seinen Mitarbeitern mitteilen, dass Fedex doch bitteschön noch keine 100-prozentige Tochtergesellschaft von Bear Stearns sei. Die monatlichen Zahlungen an den Postdienst würden allerdings darauf deuten.

Selbst vor den Größten der Firma machten Anaynikals Sparmaßnahmen keinen Halt. Nach einer Managementtagung ging die Mitteilung raus: „Die Horsd'oeuvres wurden von den bisherigen Erdnüssen massivst aufgestuft. Sicherlich wird es jeden freuen, zu hören, dass wir zukünftig wieder auf die Erdnuss umsteigen. Eine nur kleine Ersparnis, aber der Gedanke zählt!"

Anaynikal drohte auch, mit elektronischen Suchhalsbändern aus dem Zoo, würden die Topmanager nicht eine Telefonnummer hinterlassen, wo sie zu erreichen seien.

Was sich nach Spaß anhörte, hatte immer einen lauten Unterton: „Komm mir nicht in die Quere". Das war klar zu verstehen. Bei aller Ironie wurde deutlich, was er von seinen Angestellten wollte. Eines Tages marschierte Ace nach der Mittagspause in den Aufzug. Wie immer qualmte er eine Zigarre. Anscheinend wusste die mitfahrende Dame nicht, wer da paffte, denn ich hörte sie sagen: „Entschuldigen Sie bitte, aber hier ist Rauchverbot." Antwort: „Sie sind hier gerade in meinem Aufzug! Haben Sie ein Problem damit?" Thema gegessen! Wer Ace anrief, sich zu demütig zeigte und dafür entschuldigte, seine Zeit zu stehlen, erhielt sofort eine betriebliche Abmahnung. Ein Vorstand hat für seine Leute da zu sein!

> *„Besitzt du etwas, was nichts taugt, dann verkaufe es noch heute. Denn morgen wird es noch viel unnützer sein!"*
> Ace Greenberg

Und nicht nur er hatte da zu sein. Auch den Mitarbeitern wurde mit unverkennbarer Deutlichkeit mitgeteilt, dass der Arbeitsplatz heilig ist und der Ausfall durch Krankheit nur im äußersten Fall geduldet wurde.

1. Ausfall durch Krankheit
Wird nicht länger akzeptiert. Wer gesund genug ist, sich in das Büro des Arztes zu bewegen, kann genauso gut an seinen Arbeitsplatz laufen.

2. Abwesenheit wegen einer Operation
Auch dies wird zukünftig nicht erlaubt sein. Wir möchten unseren Kollegen nahe legen, jegliche Körperteile von Messern fern zu halten. Messer schneiden und Schnitte sorgen für Blut und das ist schlecht.

3. Todesfall
Dies ist immer noch ein akzeptabler Grund. Allerdings möchten wir zukünftig darum bitten, vor Eintritt eine zweiwöchige Vorwarnung zu bekommen.

SANDY WEILL:
VOM GEHILFEN ZUM CHAIRMAN DER CITIGROUP

Sind Sie noch unter 30? Haben Sie vielleicht Schulden? Well, dann lassen Sie den Kopf nicht hängen. Packen Sie's richtig an, können Sie es vielleicht doch noch zum Milliardär schaffen. Auch wenn die Chance klitzeklein ist, sollten Sie sich diesen Wall-Street-Spruch vor Augen halten: „You don't try, You don't get." – Wer nicht wagt, der nicht gewinnt.

Einer, der es sehr erfolgreich versucht hat, ist Sandy Weill. Er ist heute Chairman und CEO der Citigroup, eines global operierenden Finanzkonzerns, zu dem unter anderem das Brokerhaus Salomon Smith Barney und die Citibank gehören. Weill, der in Brooklyn und Miami aufwuchs, ist ein typisch amerikanischer Erfolgsmensch. So einen kometenhaften Aufstieg, der das Klischee der klassischen Tellerwäscherkarriere erfüllt, sieht man an der Wall Street nicht alle Tage. A dream come true!

Weill startete seine Karriere 1959 als Runner auf dem Parkett der New Yorker Börse. Am Anfang musste Familie Weill jeden müden Dollar zweimal umdrehen. Sandys Ehefrau Joan kämpfte mit den Rechnungen des Alltags und zahlte abwechselnd in einem Monat den Milchmann, im nächsten die Windeln.

1960 wagte der 27-jährige Weill den Schritt in die Selbständigkeit. Seine Mutter räumte ihm dafür einen Kredit in Höhe von 30.000 Dollar ein. Gemeinsam mit dem ziemlich frustrierten Musiktexter Roger Berlind, seinem Nachbar Arthur Carter und einem vierten Mann namens Peter Potoma gründete er das Brokerhaus Carter, Berlind, Potoma & Weill. Die Firma zog in ein kleines Office mit zwei Büroräumen direkt in die Wall Street.

Die Jungs hatten das Ziel, nicht nur Broker zu sein, sondern auch als Investment-Banker anerkannt zu werden. Ein für Juden in den 60er Jahren schwieriges Vorhaben, wurde doch das Investment-

Banking vorrangig von den Wasps wie Donaldson, Lufkin und Jenrette dominiert – den weißen, protestantischen Angelsachsen. Doch unter den kritischen Augen der Wettbewerber arbeitete sich die aggressive Investment-Boutique unter dem Spitznamen „die jüdische DLJ" in die ersten Reihen der Wall Street vor.

Weill gehörte zur stilleren Sorte und kaute gerne schweigend auf einer Zigarre herum. Trotzdem oder gerade deswegen besaß er die Fähigkeit, eine Story glaubwürdig zu verkaufen. Nach und nach entwickelte er eine Kundenbasis, die ihm vertraute. Doch lange sollte Weill mit seiner Position als Broker nicht zufrieden sein. Wieso sollte er andere bei dem Kauf von Unternehmen immer nur beraten? Für die Beratung erhielt er schließlich nur eine Gebühr. Das Sahnehäubchen war doch, die Firma gleich selbst zu erwerben.

Gedacht, getan. So gelang es Weill 1970 fast ohne den Einsatz von Kapital, das wesentlich größere und bekannte Brokerhaus Hayden, Stone vor dem Bankrott zu retten. Weill kaufte einen guten Namen zu sehr günstigen Konditionen. Im nächsten Schritt stieß er ein Drittel aller Niederlassungen ab – eine Transaktion, die den Umsatz ankurbelte, ohne die Kosten dabei wesentlich zu erhöhen.

Wenige Monate später, um genau zu sein 1971, wurden die Aktien des Brokerhauses an der Börse eingeführt, fast zeitgleich mit den Wertpapieren des Brokerhauses Merrill Lynch. Der Emissionszeitpunkt stellte sich später als gutes Timing heraus, denn der Erlös diente als Polster und rettete das Unternehmen über die schwierige, wirtschaftliche Phase im Jahr 1973, in der zahlreiche Brokerhäuser in die ewigen Jagdgründe eingingen.

Doch so schwierig die 70er Jahre auch waren, so viel Erfolg brachten sie Weill. Er kaufte eine Firma nach der anderen auf. Bis 1981 hatte er die kleine Firma Carter, Berlin, Potoma & Weill durch 15 Akquisitionen in den Finanzgiganten Shearson verwandelt. Ob H. Hentz & Co., Shearson Hamill und Loeb Rhoades, das Prinzip war das gleiche: Kaufe zu gedrückten Preisen, senke die Kosten, behalte die Rosinen des Geschäfts und stoße die Bereiche ab, die nicht ins Puzzle passen.

1981 verkaufte Weill Shearson an American Express und wurde dort zwei Jahre später Präsident. 1985 überwarf er sich mit dem Management und verließ die Firma. Plötzlich war Weill wieder da, wo er angefangen hatte. Der nun folgende Aufstieg zeigt, dass Weills bisheriger Erfolg kein Zufall war. Zunächst wurde er CEO und Miteigentümer der Commercial Credit Corporation, die sich mehr schlecht als recht damit über Wasser hielt, Kredite an Arbeiterfamilien zu vergeben. Weill gelang es, auch diese Firma durch Akquisitionen in einen erfolgreichen riesigen Finanzkonzern zu verwandeln. Nach dem Börsencrash 1987 kauft er unter anderem Primerica, das Mutterhaus des Börsenmaklers Smith-Barney und des Versicherers A. L. Williams. 1993 war ein finanziell schlechtes Jahr für American Express und ein großartiges für Weill. Schon lange wollte er Shearson zurückkaufen und nun nutzte er seine Chance. Im gleichen Jahr erwarb er zudem den Versicherungskonzern Travelers und kündigte an, den Konzern zur größten amerikanischen Bank weiterentwickeln zu wollen. Auch diesen Wunsch erfüllte sich Weill. Im Jahr 1999 fusionierte die Traveler Group mit Citicorp, dem größten Kreditkartenanbieter und Mutter der Citibank. Die bis dato größte Konzernfusion schuf den global führenden universalen Finanzdienstleister Citigroup mit 100 Millionen Kunden in 100 Ländern und einer Bilanzsumme von 700 Milliarden US-Dollar.

Weill wurde neben John Reed Co-Chairman des Konglomerats – eine unglückliche Konstellation. Reed managte die Firma am liebsten vom stillen Kämmerlein aus und erwog sogar, die Konzernspitze an einen friedlichen Ort wie Cambridge oder Palo Alto zu verlegen. Weill dagegen war gerne möglichst nah am operativen Geschäft und suchte Kontakt zu den Angestellten. Besonders erzürnten Weill die Verluste der von Reed gegründeten und verantworteten Internetabteilung e-Citi, die das Bankgeschäft ins Netz bringen sollte. Die Abteilung beschäftigte 1.500 Angestellte und verbuchte jährlich ein Minus von 300 Millionen Dollar. Die Verluste von e-Citi waren Munition für Weill, um den ungeliebten Konkurrenten in den Ruhestand zu treiben. Im Februar zog sich das Management zu einer Klausurtagung in einen Ferienort in Arizona zurück. Fast jeder der Führungskräfte zeigte sich mit der Doppelspitze unzufrieden. Reed schlug vor, noch einen dritten CEO zu ernennen. Weill dagegen sagte klar, dass er den Job gerne alleine machen würde. Heute ist Weill die einsame Spitze.

JOHN SLADE: ALTMEISTER UND LIEBLING DER WALL STREET

Eine der interessantesten Persönlichkeiten der Finanzwelt ist für mich John Slade. Im Alter von 92 Jahren arbeitet er immer noch als Broker und sitzt täglich mehrere Stunden im Großhandelsraum von Bear Stearns. Wer ihn zum Lunch trifft, wird nach 45 Minuten freundlich verabschiedet. Dann zieht es ihn mit aller Macht an das Handelsterminal zu den Aktienkursen. Die einzige Konzession an sein Alter ist, dass er erst fünf Minuten nach Börseneröffnung ins Büro geht – selbige wäre dann doch zu aufregend.

Der gebürtige Frankfurter verließ Deutschland im Jahr 1936, nachdem er erfuhr, dass Juden im Hockeyclub „Frankfurt 1880" nicht mehr erwünscht seien. Mit Slade im Team, der damals noch Hans Schlesinger hieß, wollte man nicht antreten. Die Olympiade fand ohne den passionierten Feldhockeyspieler statt. Slade emigrierte nach New York, wo er sich – mit einem Empfehlungsschreiben des Frankfurter Privatbankiers Oscar Oppenheimer ausgestattet – bei dem damals noch kleinen amerikanischen Brokerhaus Bear Stearns & Co. vorstellte. Das 50-Mann-Unternehmen stellte ihn als Laufburschen ein.

Schnell stieg er zum Händler auf und hatte eine zündende Idee. „Ich durchforstete die Namensliste der Flüchtlingsschiffe, die aus Europa kamen, um potenzielle Kunden abzufangen", erzählt Slade mit seinem stark hessischen Akzent. Nach diesen ersten Akquisitionserfolgen landete er im Jahre 1940 einen Coup. Im April setzte er darauf, dass der Wert norwegischer Staatsanleihen sinken würde. Kurz darauf griff Deutschland Norwegen an und der Kurs der Anleihe sank tatsächlich. Die Bilanz: Ein Profit von rund 80.000 Dollar. Das entspricht nach heutigen Verhältnissen einer Summe von etwa einer Million Dollar. Zur gleichen Zeit gab er auf Anraten der Firma seinen deutschen Namen Hans Schlesinger auf und nannte sich von nun an John Slade.

Später machte er Geschäfte mit Anleihen, die zur Finanzierung der New Yorker U-Bahn und anderer Eisenbahnlinien ausgegeben wurden. Damit verdiente er Millionen und machte Bear Stearns groß. Später wurde er Partner und Vorstand der Bank. Heute hat das Unternehmen über 11.000 Mitarbeiter und zählt zu den größten Brokerhäusern Amerikas.

Ich habe John einmal gefragt, wie er sich seinen Erfolg erklärt, und seine schlichte Antwort verblüffte mich: „Ehrlichkeit, Arbeit und Loyalität". Er berichtete, dass man ihm während der Zeit bei Bear Stearns sechsmal andere Jobs mit höherer Bezahlung angeboten habe. Trotz dieser Angebote ist er immer bei Bear Stearns geblieben. Zum Glück, wie er sagt. Alle sechs Unternehmen, die ihn einmal abwerben wollten, existieren heute nicht mehr.

Von Slade stammt die Weisheit, dass das Leben zu achtzig Prozent aus Glück, zehn Prozent aus Arbeit und zehn Prozent aus Verstand und Ausbildung bestünde. Das ist natürlich eine Untertreibung, denn der Mann schuftet schließlich immer noch mehr als die meisten. Und Glücksspiel ist schon gar nicht sein Ding. Mit Sorge stellt er fest, dass die Börsen dieser Welt zu Kasinos mutieren und viele Personen wild drauflos spekulieren.

Auch wenn Erfolg laut Slade zu 80 Prozent aus Glück bestehen soll, beruht seine Karriere sicher auch auf jahrzehntelanger Erfahrung. So hat er erlebt, wie wenig Sinn es macht, sein Geld nur in eine bestimmte Branche zu investieren, die gerade en vogue ist.

Als er in den 30er Jahren nach Amerika kam, wollten alle Anleger Aktien von Eisenbahnunternehmen besitzen. Die meisten der damals so begehrten Unternehmen gibt es nicht mehr. In den 50er Jahren stürzten sich dann alle auf Werte von Automobilunternehmen. Und auch von dieser Branche sind nur wenig Unternehmen übrig geblieben. Slade kennt Dutzende dieser Fälle und immer haben die besten Unternehmen der jeweiligen Branche überlebt.

Deshalb empfiehlt der Liebling der Wall Street, wie ihn neulich die *New York Times* taufte, in die renommiertesten Aktien bekannter und großer Unternehmen zu investieren. Diese Aktien hält Slade selbst langfristig. Er empfiehlt als Anlagestrategie, einen Teil des Kapitals in festverzinsliche Anlagen und einen Teil in Aktien bester Unternehmen zu investieren. Für ihn gilt als Faustregel für die Höhe des Aktienanteils: 100 minus Lebensalter gleich Aktienanteil des Depots in Prozent. Nach seiner eigenen Formel dürfte John Slade selbst nur acht Prozent seines Vermögens in Aktien anlegen. Er musste auf mein Nachfragen hin zugeben, dass er sich selbst nicht daranhält.

Unser Gespräch fand im Februar 2000 statt. Damals prophezeite Slade bereits Kurseinbrüche bei den so gefragten Internet- und New-Technology-Aktien. In der Zwischenzeit konnten wir feststellen, dass Slade Recht hatte. Besonders Internet-Aktien gerieten stark unter Druck.

Vier

SPIELKASINO
BÖRSE

„Als ich jung war, nannten mich die Leute Spieler.
Später, mit gewachsenem Vermögen, wurde ich als Spekulant
bezeichnet. Heute nennt man mich Banker. Doch getan habe
ich all die Zeit das Gleiche. "
Sir Ernest Cassell, Banker Edwards VII.

i ch möchte noch mal auf Slades Beobachtung zurück-
kommen, dass immer mehr Spekulanten an der Börse ihr
Glück versuchen, und die Ursachen sowie Auswirkungen dieses
Börsenbooms genauer betrachten. Doch vorher bin ich Ihnen
noch eine Definition schuldig: Was unterscheidet eigentlich einen
Spekulanten von einem Investor?

SPEKULANT ODER NICHT SPEKULANT, DAS IST HIER DIE FRAGE!

„Sie Spekulant!" Boy, es gibt kein schöneres Schimpfwort für
einen Investor. Aber ist ein Investor nicht auch ein Spekulant und
ein Spekulant ein Investor? Der Unterschied ist so schwer zu
erklären wie der zwischen Liebe und Passion. Sicher ist nur, dass
das eine ohne das andere ziemlich langweilig ist.

Doch lassen Sie es mich trotzdem versuchen. Spekulation lässt
sich definieren als der Versuch, von den Schwankungen des Mark-

tes zu profitieren. Oder anders gesagt: es ist der oftmals erfolglose Versuch, aus einem kleinen Vermögen ein großes zu machen. Ein Investment ist wiederum das meist erfolgreichere Bemühen, ein großes Vermögen davor zu schützen, ein kleines zu werden. Die Spekulation ist eher aktiv, das Investment passiv.

Vielleicht nennt man nur eine fehlgeschlagene Spekulation ein Investment und eine gut gelaufene Investition eine erfolgreiche Spekulation. What the heck! Wie eine Spekulation funktioniert, hat jedenfalls schon der Schriftsteller und passionierte Spieler Fjodor Michailowitsch Dostojewski erkannt. Er schrieb seiner Frau am 20. August 1863, dass es ausgesprochen einfach sei, beim Roulettspielen zu gewinnen. Man müsse sich lediglich zu jedem Zeitpunkt des Spieles unter eiserner Kontrolle haben und nicht übereifrig werden. Damit hat er die Fähigkeiten von guten Spekulanten auf den Punkt gebracht: Sie müssen Gier und Angst perfekt kontrollieren. Doch solche Regeln nützen oft wenig. Dostojewski lebte immer am Rande des Bankrotts.

Auch ein Investment ist normalerweise mit Risiko verbunden und somit eigentlich eine Spekulation, die sich nur bedingt von einem Roulettspiel unterscheidet. Sagen Sie das aber nie einem Investor. Der amerikanische Finanzier Edward Baruch fing sich von dem Wall-Street-Magnaten Pierpont Morgan eine Rüge ein. Baruch hatte im Zusammenhang mit einem Deal das Wort Spiel in den Mund genommen.

Selbst wenn sich Börsianer gerne von Spielern distanzieren – auch die Börse kann süchtig machen. Wie Spieler erliegen manche Börsianer dem Sexappeal, der Reichtum umgibt.

Die erste Beschreibung eines Aktienmarktes in Westeuropa stammt von Joseph Penso de la Vega. Sie ist in seinem auf Spanisch geschriebenen Buch „Confusión de Confusiones" zu finden, das 1688 in Amsterdam veröffentlicht wurde. In einer Reihe von Dialogen mit Kaufleuten beschreibt er den Aktienmarkt als ein

Irrenhaus, in dem merkwürdige Sitten herrschen und seltsame Dinge geschehen.

„Das Spiel (der Spekulation) ist eine Angelegenheit für Törichte. [...] Das Mitglied einer Börse öffnet seine Hand. Eine andere schlägt ein und verkauft ihm dadurch eine bestimmte Anzahl von Aktien zu einem festen Preis. Ein erneutes, zweites Einschlagen besiegelt die Transaktion. Wieder wird mit einem neuen Händeschütteln ein neues Angebot gestellt und auf einen gestellten Preis gewartet. Dem Händeschütteln folgen Schreie, den Schreien Beleidigungen, den Beleidigungen noch mehr Beleidigungen, Schreien, Umherstoßen und wieder Händeschütteln, bis man sich mit dem Geschäft einig ist."

Und nicht nur Vega kam die Börse wie ein Irrenhaus vor. Auch der Poet Charles Cotton lässt sie in seinem Buch „Compleat Gamester" nicht besser davonkommen. Cotton beschreibt den Börsenhandel als Hexerei, eine juckende Krankheit. Er war der Meinung, Aktienhandel mache Männer unfähig, sich jemals wieder einer ernsthaften Tätigkeit zu widmen. Ihre Gefühle befänden sich „immer in einem Sturm" und die Männer seien entweder extrem verzweifelt oder voll verrückter Freude.

Dazu passt die Beobachtung von Benjam Graham, dem Autor des Buches *„The Intelligent Investor" (Intelligent Investieren, München 1998)*. Er beschreibt die Gefühle des Großinvestors Warren Buffett: „Mr. Markt lässt seinen Enthusiasmus oder seine Angst mit ihm davonlaufen! [...] Es gibt Zeiten, in denen fühlt er sich euphorisch und kann nur positive Faktoren sehen. [...] Und dann gibt es Zeiten, in denen ist er depressiv und kann am Horizont nichts anderes als Ärger für sich selbst und die Welt sehen."

Ein wirklich intelligenter Investor sollte diese Gefühle eigentlich nicht kennen. Er sollte die Tendenz des Marktes zu großen Schwankungen bei seinen Anlegentscheidungen nicht beachten. Einem Spekulanten können diese Schwankungen jedoch reichhaltige Gewinne bescheren. Kein Wunder, dass immer mehr Investoren sich als Spekulanten versuchen. Und kein Wunder, dass an der Börse zunehmend die Unvernunft das Ruder übernimmt.

WARUM DIE BÖRSE IMMER VOLATILER WIRD

Vor meinen TV-Sendungen auf dem Parkett unterhalte ich mich des Öfteren mit Ted. Teddy, wir er liebevoll von seinen Kollegen genannt wird, ist ein so genannter Zwei-Dollar-Broker und seit den 70er Jahren auf den alten Holzplanken der New Yorker Aktienbörse unterwegs. Diese Art von Broker heißen deshalb so, weil sie früher für die Abwicklung einer Aktientransaktion zwei Dollar Provision erhalten haben und eigenständige Unternehmer sind. Ted ist unter den vielen Jungbrokern ein wahrer Altmeister. Auch er hat beobachtet, dass immer mehr Investoren sich als Spekulanten versuchen und glauben, man müsse Aktien nur übers Wochenende halten. Statt die Börse als langfristiges Anlageinstrument zu nutzen, versuchen sie auf die Schnelle das große Geld zu verdienen, was oft ins Auge geht und dementsprechend die Nervosität und Schwankungsfreudigkeit des Aktienmarktes ankurbelt. Ob die Informationsflut dank des Internets oder der Einmarsch des preisgünstigen Onlinetradings – die „neue" Schnelligkeit verändert die Art und Weise, wie Aktienbörsen reagieren.

Die Volatilität, das heißt die Schwankungsfreudigkeit und die Schwankungsbreite, hat an der Wall Street insbesondere im Jahr 2000 erheblich zugenommen. Historisch betrachtet bewegen sich der Dow Jones und der S&P-500-Index während der Sommerflaute in einer relativ engen Handelsspanne. Ungewöhnlich große Schwankungsbreiten in diesen Monaten kündigen schlechte Zeiten an. Im Sommer 1973 war dies der Fall – was folgte, war ein zweijähriger Bärenmarkt. Auch dem Crash im Herbst 1987 ging ein unsteter Börsensommer voraus. Die Vergangenheit hat sich im Jahr 2000 wiederholt. In den letzten dreißig Jahren war die Volatilität nur zweimal derart hoch wie in diesem Sommer. Und siehe da, der Aktienmarkt korrigierte im Herbst 2000 kräftig. Der Nasdaq musste sogar die größte Korrektur seit 1974 hinnehmen. Der Bullenmarkt hat sich dem neuen Wirtschaftsumfeld, in diesem Fall leider nach unten, angepasst. Dies ist jedoch unter dem Strich ein gesunder Prozess, der auf längere Sicht überschüssige Euphorie aus dem Markt nimmt und die Überlebensjahre des laufenden Bullenmarktes verlängern sollte.

Nicht nur im Sommer 2000 zeigte sich der längste Börsenaufschwung in der Geschichte der USA extrem volatil. Die Goldman-Sachs-Analystin Abby Cohen hat eine treffende Bezeichnung für diesen manchmal etwas wackligen Bullenmarkt gefunden: Sie nennt ihn „Stearcase-Bullenmarkt". Dieser Jahrhundertbullenmarkt ist ein typischer Bergsteiger oder, übersetzt man es wortwörtlich, ein Treppensteiger. Er nimmt einige Stufen im Dauerlauf und pausiert oder korrigiert dann kurz. In diesen Pausen oder Konsolidierungsphasen stellt sich der Markt auf das veränderte Marktumfeld ein, um im nächsten Anlauf eine Stufe nach oben zu nehmen.

Wieder sind wir am Ausgangspunkt: Die hohe Volatilität in Konsolidierungs- und Korrekturphasen wird meistens von Irrationalität begleitet. Es entstehen in Windeseile sinnlose Übertreibungen und Kurseinbrüche. Die kleinste negative Meldung radiert, ungerechtfertigt, Milliarden von Dollar an Marktwert aus. So verlor der Konsumgüter-Konzern Procter & Gamble wegen einer minimalen Verfehlung der Umsatzplanzahlen an einem Handelstag den Gegenwert der Deutschen Bank. Den Pharmakonzern Pfizer kostete wiederum ein Gerichtsurteil schlappe 35 Milliarden Dollar an Marktwert. Es mag eine schlechte Nachricht gewesen sein, dass der Patentschutz für ein wichtiges Pfizer-

Medikament früher als erwartet auslief. Die Reaktion der Anleger, die durch Verkäufe ein Viertel des Firmenwertes ausradierten, stand in keinem Verhältnis.

Der Wandel des Anlageverhaltens und die zunehmende Volatilität ist eine Nebenwirkung der Demokratisierung des Handels und sicherlich auch durch ein Übermaß an zugänglichen Informationen hervorgerufen. Die Medien, die zunehmend die Börse entdecken und verstärkt darüber berichten, nehmen an dieser Stelle eine mindestens so bedeutende Rolle ein wie die oftmals unverständliche Kommunikationspolitik mancher Aktiengesellschaft.

FLUCH UND SEGEN DER MEDIEN

Man denke an den Medienrummel, der durch einen Kursrutsch an den asiatischen Aktienmärkten im Herbst 1997 ausgelöst wurde. Während über Nacht in Asien die Börsenkurse in den Keller rutschten, bereiteten sich Fernsehstationen auf das „Breaking News"-Ereignis an der Wall Street vor. Am nächsten Morgen standen vor der New York Stock Exchange etliche Kamerateams und Reporter, die nur darauf warteten, Händler auf dem Weg zur Arbeit zu befragen: „Rechnen Sie mit Panikverkäufen?", „Wird die Wall Street kollabieren?" Die Journalisten waren entschlossen, die herzzerreißendsten Geschichten von verzweifelten Investoren und Händlern zu präsentieren. Wer nichts ahnend am Morgen des 28. Oktobers 1997 seinen Fernseher einschaltete, wurde von einer Welle negativer Nachrichten überflutet. Auch bei mir klingelte um fünf Uhr morgens das Telefon. „Koch, stell dich auf einen harten Tag ein", schallte es aus dem Hörer.

Unzählige Stunden Sendezeit opferten die Medien so genannten Experten, die sich zur aktuellen Lage in Asien kritisch zu

Wort meldeten – darunter auch viele, die noch Wochen vorher die gleichen Börsen als besonders attraktiv bezeichnet hatten. Dass auch der Dow Jones bei einer derart großen Flut an negativen Nachrichten schwach in den Tag starten musste, scheint wohl kaum erstaunlich. In den ersten Minuten sackte der Index fast 200 Punkte in die Miesen. Doch was in den verbleibenden Handelsstunden geschah, muss so manch eifrigen Reporter erstaunt haben: Die Wall Street drehte und startete mit einer immensen Energie durch. An genau diesem Handelstag, der mit solch schwarzen Prognosen begann, schloss der Dow Jones mit einem Kursgewinn von fast 340 Punkten. Das Handelsvolumen erreichte parallel einen neuen Rekord. Es stimmt also – der Handelstag war hart, aber auch durchaus erfreulich! Was ist die Lehre aus der Geschichte? Steht der Aktienmarkt auf der Titelseite aller Zeitungen, dann mache immer das Gegenteil. Rückblickend hat weder die Asien- noch die Russlandkrise das Ende der Welt bedeutet. Und man höre und staune – selbst das Jahr-2000-Problem war unproblematischer als von vielen Medien angenommen.

Investoren haben mittlerweile via Internet Zugang zu hunderten von Analystenkommentaren und werden von Fernsehen und Finanzmagazinen mit Kaufempfehlungen überflutet. Dieses Übermaß an Informationen hat auch Schattenseiten, denn die Anleger werden zunehmend verunsichert. Mein alter Chef bei Dean Witter pflegte schon Mitte der 80er Jahre vor zu vielen Infos zu warnen. Die machten nur nervös und lenkten von dem eigentlichen Kauf- oder Verkaufsgrund einer Aktienposition ab. Was würde er erst im Jahr 2000 sagen! Denn inzwischen ist eine weitere Quelle hinzugekommen, die versucht, die Kaufentscheidung von Investoren zu beeinflussen: Werbung!

Während meiner Zeit bei Bear Stearns habe ich gelernt, dass Aktien genauso vermarktet werden müssen wie Autos, Kosmetika oder andere Produkte. Nur dann haben Anleger Interesse, diese Aktie zu kaufen. Und nur wenn die Nachfrage stimmt, steigt auch der Aktienkurs.

Auch in Deutschland beginnt man das allmählich zu verstehen. Und so lächelt Manfred Krug im Dienste der Deutschen Telekom. Sicherlich hat das Aktionärstum in Deutschland dem Börsengang der Telekom viel zu verdanken. Der Börsengang war dank einer gigantischen Werbe- und Marketingkampagne mehrfach überzeichnet. Ob Oma Kapulske oder Heinzchen Müller – die Deutschen entdeckten dank der Telekom den Aktienmarkt. Gegen Werbung ist generell nichts einzuwenden, nur sollte der geübte Investor dabei nicht vergessen, dass sie in den meisten Fällen bezahlt und daher nicht gerade als neutral zu werten ist. Wer bei der letzten Tranche der Deutschen Telekom dabei war, weiß ein Lied davon zu singen. Fast wie Sauerbier wurde die Aktie angepriesen – wie Sauerbier schmeckte auch der Kursverlauf.

NERVÖSE INVESTOREN: FEHLERHAFTE KOMMUNIKATION MACHT'S MÖGLICH!

Man muss es den Amerikanern lassen – ihr Umgang der Unternehmen mit Fusionsgerüchten und Übernahmen ist geschickter und taktvoller als in Deutschland. In dieser Form des Marketings sind sie unschlagbar. Große europäische Bankenkonzerne sind oft nicht in der Lage, weder laufende Fusionsverhandlungen geheim zu halten, noch können sie die zu früh gemeldeten Hochzeitspläne auch tatsächlich umsetzen. Dabei müssten es doch gerade diese Unternehmen, die anderen bei Fusionen helfen sollen, besser wissen.

Bei Übernahmen ist es wichtig, nicht viele Worte zu verlieren, sondern entschlossen zu handeln und den Investoren den

Eindruck einer klaren Übernahmestrategie zu vermitteln. „Don't talk, act!"

Vermittelt das Management Zielstrebigkeit und Entschlossenheit, lassen sich Investoren selbst teure Firmenkäufe vermitteln. So hat der erfolgreiche Datennetzkonzern Cisco Systems in den letzten Jahren immer wieder Milliarden-Beträge für den Kauf kleinerer Unternehmen ausgegeben. Analysten stellten zwar die Höhe der Kaufsumme in Frage, zweifelten jedoch niemals die Strategie des Managements an. Dank des entgegengebrachten Vertrauens ins Management brachten teure Fusionen den Aktienkurs kaum ins Schwanken – die Kaufempfehlungen der Analysten hielten stand.

Gegenteiliges spielte sich bei der Deutschen Telekom ab. Die Übernahme des amerikanischen Mobilfunkanbieters VoiceStream belastete den Kurs der T-Aktie. Die Tatsache, dass aus den Reihen des Managements die Namen möglicher Übernahmepartner sickerten, laufende Verhandlungen kommuniziert wurden, alle je-

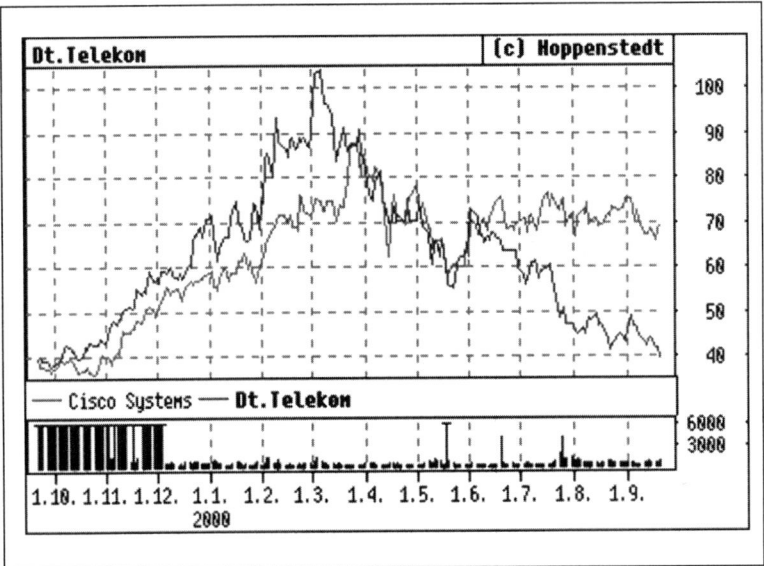

doch im Nichts endeten, vermittelte den Eindruck von Unent-
schlossenheit und Mangel an Strategie. Dementsprechend wurde
dann auch der teure Kauf von VoiceStream von vielen Markt-
teilnehmern als Notkauf kommentiert – der Aktienkurs beider
Unternehmen ging in die Knie.

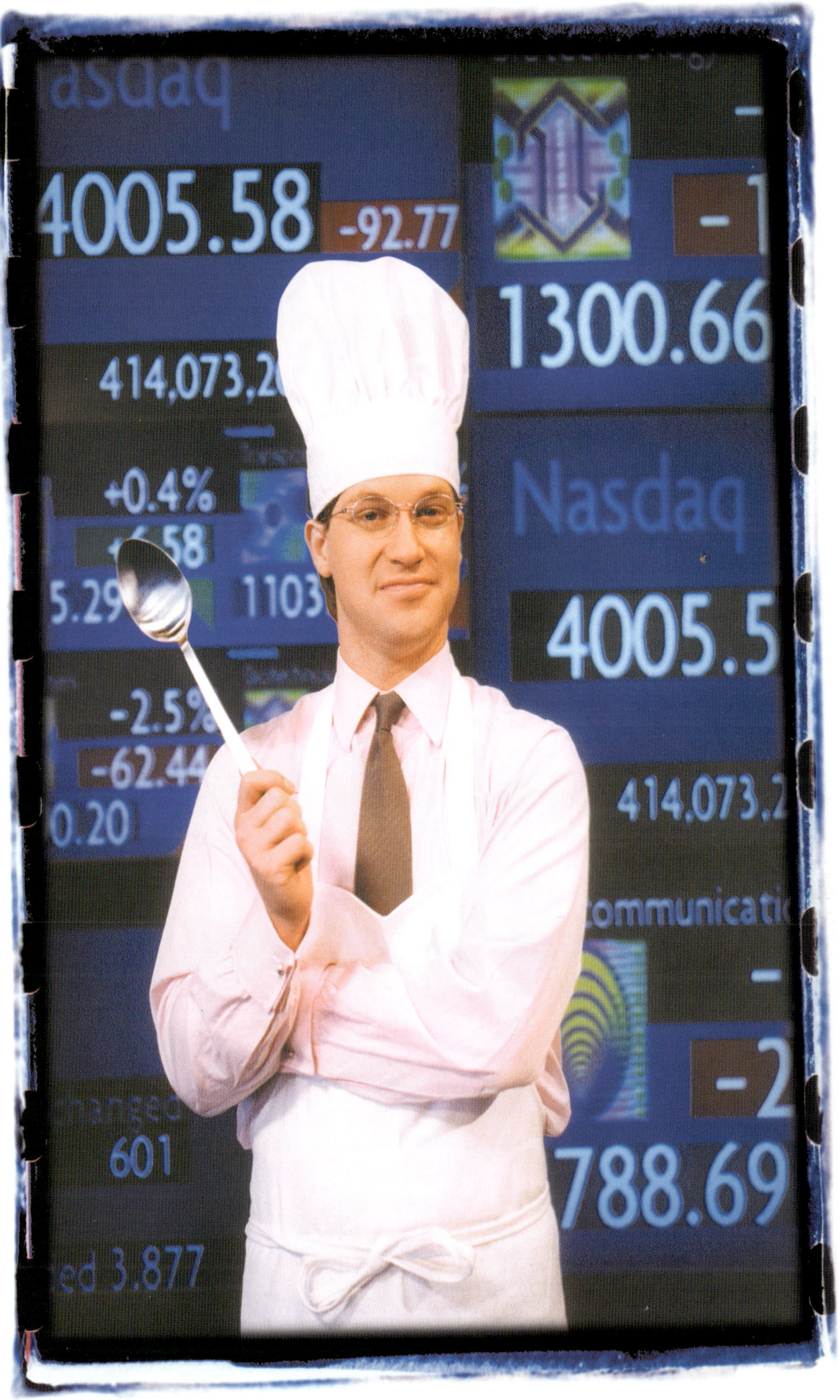
4005.58
-92.77
1300.66
+0.4%
Nasdaq
-2.5%
601
788.69

Von der Rector Street zum Broadway: Markus auf dem Weg nach oben

An den Wurzeln der Demokratie: Markus Koch auf den Stufen der Federal Hall, dem Ort, wo George Washington 1789 den ersten Amtseid ablegte

Immer umfassend informiert

Für den kleinen Wissens-Hunger zwischendurch

Mitten im Markt

Wo alles rennt und einer spricht, das nennt man heute Live-Bericht

On Wall Street

Ein Tag ohne Brot ist lang

Mahlzeiten sind diejenigen Tageszeiten, zu welchen sich
auch harte Live-Berichterstatter niedersetzen

Zwei Größen unter sich

Office inside

Tüchtigkeit ist weder Fähigkeit,
noch Begabung,
sondern Gewohnheit (Peter F. Drucker)

Was ist hot und was not – die Märkte im Gespräch

Börse hautnah

Börse muß nicht immer ernst sein

Immer hart am Geschehen

Börse macht Spaß

Going Easy – Going Underground

Die Kunst des Ankommens

Fünf

DIE BÖRSE, EIN SPIEGELBILD DER MENSCHLICHEN SEELE

„Nirgends wiederholt sich die Vergangenheit so oft und einheitlich wie an der Wall Street. Wer über vergangene Boom- und Panikphasen liest, wird unweigerlich feststellen, wie wenig sich heutige Spekulationsblasen und Spekulanten von den gestrigen unterscheiden."

Edwin Lefèvre

*W*ie lässt sich Börse einfach erklären? Stellen Sie sich vor, jemand hat 20 Mark und ein Huhn. Von dem Geld kauft er sich einen Hahn. Dann lässt er die beiden mal schön hühnern und voilà! – Schon hat der Mann einen ganzen Stall voll Hühner und Hähne. Doch kaum fühlt er sich richtig reich, kommt eine Sintflut und alle ertrinken. Und genau das ist Börse: Enten hätte man haben müssen! Ich bekomme von meinen Zuschauern oft zu hören, dass ich während meiner Wall-Street-Fernsehschaltungen in nur wenigen Minuten auf den Punkt komme. Ich könne Witz mit Fakten kombinieren, ohne dass die Glaubwürdigkeit der eigentlichen Message an Wert verliert. Warum auch nicht. Schließt doch das eine das andere nicht aus. Eigentlich gebe ich nur wieder, was ich täglich erlebe – die Börse ist viel spielerischer und gar nicht sooo kompliziert, wie viele denken.

Die Börse war für mich immer der Spiegel des Lebens. Sämtliche Verhaltensweisen der Menschen finden sich an einer Aktienbörse wieder. So pendeln Aktienkurse stets von einem Extrem zum nächsten und dementsprechend Aktienbesitzer immer zwischen Angst und Euphorie. Wie die Menschen ist die

Börse nicht mit dem Mittelmaß zufrieden, obwohl das oft vernünftig wäre. Aber wer will schon Mittelmaß sein?

Mit den Gefühlszuständen der Anleger schwanken auch die Aktienkurse. Ob die Höhe der Damenhüte, die Länge der Damenröcke oder der Erektionsindex – je gewagter die Mode, je schneller die Autos und je höher die Wolkenkratzer, desto näher befinden sich die Bullen am Rande des Abgrunds.

VON SCHNELLEN AUTOS UND SONNENFLECKEN

Seit über drei Generationen bringt mancher Wirtschaftsboom die schönsten Wolkenkratzer und immer größere Kolosse der Architektur hervor. Und seit über drei Generationen kündigen die Prachtbauten das nahende Ende dieser Wachstumsphasen an. Mit den Höhenrekorden der Gebäude erreichte oftmals auch der Dow-Jones-Index sein Hoch, bevor es rapide bergab ging. Erstmals beobachtet wurde dieses Phänomen zwischen 1891 und 1902. In dieser Phase entstand in Chicago das Home-Insurance-Hochhaus sowie das Reliance-Gebäude und in New York das berühmte Flatiron Building. Kaum waren die Bauverträge unterzeichnet, erreichte der Aktienmarkt im Jahre 1891 sein vorläufiges Top. Was folgte, war die Börsenpanik von 1893.

In den Goldenen 20er Jahren wuchs wiederum das Rockefeller Center aus dem Boden – kurze Zeit später das prunkvolle Chrysler Building. Das 319 Meter hohe New Yorker Gebäude wurde fast zeitgleich zum großen Crash von 1929 fertig. Ein ähnlich treffendes Timing hatte die Vertragsunterschrift zum Bau des Empire State Buildings im Herbst 1929. Wenige Wochen später, im September des gleichen Jahres, endete das glorreiche Kursfeuerwerk der Wall Street, nachdem der Dow Jones ein Hoch von 381 Punkten erreicht hatte. Kaum war die Tinte auf den Verträgen trocken, um genau zu sein acht Wochen später, notierte der Dow Jones unter der 200er Marke. Als das Gebäude am 1. Mai 1931 die Tore öffnete, wurde es von den New Yorkern auf den Spitznamen „Empty State Building" getauft. Kein Wunder, war der Dow Jones doch zu diesem Zeitpunkt auf 56 Punkte gesackt.

Wie schon 1893 folgte dem Erektionsboom der Baubranche der Kollaps eines Bullenmarktes. Etwa 36 bis 37 Jahre waren in der Zwischenzeit vergangen. Dieser Zyklus wiederholte sich danach erneut. 1929 plus 37 ergibt 1966 und in der Tat erreichte der Dow Jones am 9. Februar 1966 das Top bei 995 Punkten. Wieder wurde die vorhergehende Rally von dem Bau der schönsten Hochhäuser begleitet. Wieder hatte Größenwahn das Land der unbegrenzten Möglichkeiten eingeholt und wieder fand auch dieser Höhenrausch ein Ende. Im Oktober 1966 rutschte der Dow Jones bis auf 744 Punkte ab.

Wann werden Wolkenkratzer die nächste Korrektur orakeln? Laut der bisherigen Statistik müsste uns zwischen den Jahren 2001 und 2002 ein kräftiger Kursrutsch bevorstehen. In New York sprießen bereits die ersten Vorboten schlechter Börsenzeiten aus dem Boden. Unter der Regie von Donald Trump wird seit Beginn des Jahres 2000 gegenüber dem Hauptsitz der Vereinten Nationen das höchste Wohnhaus der Welt gebaut. Die Wohnungen, die ab 2001 beziehbar sein sollen, kosten mindestens 800.000 Dollar.

Je größer die Börsengewinne, desto teurer, schneller und extravaganter werden die Autos. Schon Ende der 20er Jahre und Anfang der 30er Jahre waren, auch für das weniger geübte Auge, auffällig schnelle Düsenbergs, Bentleys und Cadillacs auf amerikanischen Straßen unterwegs. Die Autoindustrie baute im Zuge des boomenden Aktienmarktes immer PS-stärkere Fahrzeuge. Die gerieten im Crash von 1929 größtenteils unter den Hammer.

Glaubt man den Berichten der Autozeitungen, sollte in den

nächsten zwei Jahren eine noch nie da gewesene Flut von hyperschnellen Sportwagen aus dem Haus Bugatti, Porsche, Ferrari und Bentley auf den Markt kommen. Kostenpunkt: Nicht selten 400.000 bis über eine Million Mark.

Kleine, blaue Viagra-Pillen gab es um 1690 zwar noch nicht, aber der boomende Aktienmarkt brachte immerhin die Kopfbedeckungen und Frisuren zum Wachsen.

Die ersten Aktiengesellschaften existierten in England im frühen sechzehnten Jahrhundert, doch der erste regulierte Aktienmarkt entstand erst um 1690. Obwohl inzwischen mehr als 300 Jahre vergangen sind, hat sich die Psyche des Volkes kaum geändert. Bereits damals beflügelte ein Bullenmarkt die Menschen zu modischem Übermut. Den Frauen stieg er im wahrsten Sinne des Wortes zu Kopfe. Vom Start des Bullenmarktes bis zum Crash im Jahre 1695 erreichten Frisuren und Hüte ungeahnte Höhen. Die Träger waren inklusive ihres Kopfschmucks oftmals weit über zwei Meter groß.

Geld macht sexy, heißt es. Und es macht auch selbstbewusster. Wer über den Dollarzaster verfügt, ist oft erst mal sich selbst am nächsten und fühlt sich unabhängiger von gesellschaftlichen Zwängen. Ganz nach dem Motto: „Mir gehört die Welt und niemand kann mir etwas anhaben". Mit den Ups und Downs der Wall Street schwankten auch die Fashion-Trends. Mode hängt genauso wie Aktienkurse von der Stimmung der Kundschaft ab. Trendwenden gibt es bei beiden. So können Röcke nicht von Jahr zu Jahr kürzer werden. Irgendwann wären sie schließlich nicht mehr da. Der Trend muss zwangsläufig drehen und Röcke wieder länger werden. Genau so, wie Spekulationsblasen irgendwann auch platzen müssen. Modemacher aufgepasst: Gelb tut Börsianern gar nicht gut. In Zeiten, in denen diese Farbe "in" war, ging es an der Börse meistens kräftig abwärts!

Kurz nach dem Ersten Weltkrieg betrug der Abstand zwischen Rocksaum und Boden zehn Prozent von der Körpergröße der Trägerin, schreibt Professor Paul H. Nystom von der Columbia Business School in seinem Buch „The Economics of Fashion". Die Rocklänge spiegelte die wirtschaftliche Misere wider.

Die Ökonomie erholte sich langsam und die Röcke wurden immer kürzer. Um 1920 betrug der Abstand zwischen Saum und Boden 20 Prozent der Körpergröße. In der Rezession im Jahr 1921 schrumpfte er dann wieder auf 10 Prozent.

Nach dem Start des großen Bullenmarktes im Jahr 1925 wiederholte sich das ganze Spiel und die Damen zeigten erneut mehr Bein. Schon im Jahr 1925 schwebten die Röcke im Abstand von 25 Prozent der Körpergröße über dem Asphalt. Es waren zwar noch keine Miniröcke, aber immerhin erblickte das Knie das Licht des Tages. Und zur Freude der Herrenwelt sollten sie bis 1929 auch so kurz bleiben. Dann begann die große Rezession und die Rocklänge sackte nach und nach bis zum Boden.

Stellen Sie sich einfach mal mitten in die Fußgängerzone und starren in den Himmel. Wetten, bald gucken noch andere Passanten in die Luft! Hey, man könnte ja was Spannendes verpassen. Den neusten Börsentrend beispielsweise.

Am besten, Sie ziehen sich vorher eine gute Sonnenbrille an, denn Sie stehen jetzt da und beobachten die neusten Sonnenflecken. Ich bitte Sie! Sie werden doch jetzt nicht schmunzeln, oder? Angeblich haben einige Menschen schon 1801 bemerkt, dass diese Flecken die Weizenpreise beeinflussen. Außerdem behaupten einige sehr bekannte Wissenschaftler, dass sich diese Flecken auf den Verlauf der Börse auswirken.

Die Regel besagt: Je weniger Flecken, desto besser die Zukunftsaussichten. So soll es im Jahre 1965 und 1966, mit dem Tiefpunkt des Aktienmarktes und dem Start eines Bullenmarktes, besonders wenige Sonnenflecken gegeben haben. Vielleicht war es aber doch nur ein Zufall. Denn in den 80er Jahren lag der Indikator gehörig daneben. So sollte 1984 laut Sonnenfleckdeutern ein tolles Börsenjahr werden. Doch gerade in der ersten Hälfte sah der Markt alles andere als sonnig aus. Die Jahre 1985 und 1986, vor denen wiederum gewarnt wurde, entwickelten sich ausgesprochen erfreulich. Was lernen wir daraus? Starren Sie lieber nicht so oft nach oben – das gibt nur einen steifen Hals.

Zum Abschluss des Kapitels Börsenindikatoren möchte ich Ihnen ein typisches US-Stimmungsbarometer vorstellen – den Super-Bowl-Indikator. Jedes Jahr sitze ich deswegen aufs Neue mit Angstschweiß auf der Stirn im Stadion. In der linken Hand einen Hot Dog, in der rechten ein schaumloses und wässeriges Budweiser Light – so verfolge ich das Spiel. Die Spannung ist groß: Wird ein Team der National Football League oder der American Football League gewinnen? Nicht auszudenken, wenn Letztere den Preis nach Hause mitnehmen! Die Bullen würden womöglich das ganze Jahr streiken, die Bären das Ruder übernehmen.

Aber, keine Angst! Ich kenne meine Pflichten als Berichterstatter. Sicherheitshalber habe ich mir eine große Fahne mit der Aufschrift „Keine Angst! Die Börse wird trotzdem steigen!" unter den Arm geklemmt. Ich bin bereit, im Fall einer Niederlage des Teams der National Football League die Sicherheitszäune des Stadions zu überwinden, auf das Feld zu rennen und meine Fahne zu schwingen. „Don't worry, be happy!", werde ich dabei rufen.

Warum all der Aufwand? Immerhin über 130 Millionen Menschen verfolgen das Spiel. Nehmen wir mal an, dass rund 25 Prozent an die Super-Bowl-Theorie glauben. Und die besagt ja nun, dass die Börse fällt, geht der Preis an ein Team der American Football League.

In den letzten 25 Jahren konnte sich die Mannschaft der

National Football League 22-mal durchsetzen und 22-mal stieg die Börse. Nur dreimal gewann das Team der American Football League. Allerdings haben sie nur zwei schlechte Börsenjahre auf dem Gewissen. 1989 war ein gutes Jahr, obwohl der Preis an das San Francisco Team 49er ging. Dennoch ist es beruhigend, wenn sie verlieren. Wenn nämlich nur ein Teil der 130 Millionen Zuschauer und Fans ihre Aktienbestände abbauen würde, wäre der Bär im wahrsten Sinne des Wortes am Tanzen. Da muss ich doch wenigstens versuchen, diese Menschen mit meiner Fahne vom Verkaufen abzuhalten!

Sechs

DIE MILLENNIUMSRALLY

Ich setze stets auf Sieg
Omar Sharif in "Die Nacht der Generäle"

*b*örsianer haben immer eine Meinung – irgendwie muss man seine Existenz schließlich rechtfertigen. Dabei spielten sich zwischen 1997 und Januar 2000 eine Reihe von Ereignissen ab, die es in der Vergangenheit noch nie gegeben hatte. Wie also sollte man die Geschehnisse abschätzen, waren sie doch so einzigartig? Das Ausmaß der Asienkrise, aber vor allem der Euro und das Jahr-2000-Problem stellten Finanzexperten auf die Probe.

Wie kopflos die Prognosen waren, sieht man rückblickend an den Trefferquoten: Die Euroschwäche sollte nicht von Dauer sein, orakelte die Mehrheit der europäischen Finanzexperten in den ersten Monaten nach der Einführung. In Amerika juxte man schon auf dem Parkett: „Euro in English – sounds like Urology!"

In den USA wurden Marktexperten wiederum mit der Asienkrise auf dem falschen Fuß erwischt. Noch gut kann ich mich an den Tag erinnern, an dem die Krise durch Währungseinbrüche in Thailand, Malaysia oder Südkorea ausgelöst wurde. Immer wieder erklärten amerikanische Analysten den Investoren in Telefonkonferenzen, wie unbedeutend der dortige Verlauf für das Land der unbegrenzten Möglichkeiten sei – doch es sollte anders kommen. Unternehmensergebnisse brachen in den USA ein, Rohstoffpreise rasselten in den Keller und die weltweiten Finanzmärkte gerieten kräftig ins Wanken. Die Notenbanken dieser Welt, allen voran die Federal Reserve mit Alan Greenspan, senkten die Zinsen aggressiv, um die Kapitalmärkte zu stützen.

Mit dem nahenden Jahrtausendwechsel musste man sich erneut die Frage stellen, ob nach all den Wirtschaftskrisen in Russland, Asien und Lateinamerika mit Y2K, dem Jahr-2000-Computerproblem, eine Krise ungeahnten Ausmaßes bevorstehen würde: Die Jahr-2000-Angst ging umher; ein gefundenes Fressen für Dramatiker aus der Analysten- und Journalistenwelt.

Es wurden Familien gezeigt, die Bunker bauten und sich mit Waffen und Nahrungsmitteln dort verschanzten. Magazine zeigten leer geräumte Verkaufsregale in Supermärkten und rieten zum Kauf von Wasser. Die eine oder andere Boulevardzeitung befürchtete gar den Ausbruch von Unruhen und Bürgerkriegen.

Das war wirklich alles sehr unterhaltsam – für mich zumindest. Für die Dauerpessimisten und Schwarzseher natürlich nicht. Sie befürchteten den Zusammenbruch von Versorgungssystemen und prophezeiten das totale Chaos. Wegen veralteter Computer in den Finanzämtern sollten Rentenzahlungen ausbleiben und vielleicht sogar Stromwerke und Telefongesellschaften zwangsweise abgeschaltet werden. Aufgrund veralteter Flugsicherheitssysteme an manchem Airport der USA sollten in bestimmen Zonen Flugverbotsgebiete etabliert werden. Analysten wie Edward Yardeni, Chefvolkswirt der Deutschen Bank in New York, rechneten mit der Möglichkeit einer globalen Rezession. Zugegeben: Diese verbreitete Angst verhagelte auch mir die Silvesternacht in Manhattan. Wie ein abgesperrtes Kriegsgebiet kam mir die Nacht vor. Damals – ich wohnte noch am Broadway Ecke 52ste Straße – riegelten über 6.000 Polizisten den Times Square mehr oder weniger ab. Wer auch immer sich dort befand, konnte sich kaum von der Stelle bewegen. Die Gullies auf den Straßen wurden wegen erhöhter Bombengefahr zugeschweißt und Mülleimer in der Stadt entfernt. Es herrschte Y2K-Notstand. Wie erstaunlich, dass alles anders kommen sollte, als die meisten Profis dachten. Nicht einmal aus dem hintersten Timbuktu kamen Krisenmeldungen – der Zeiger rückte ins neue Millennium, und nicht einmal ein Computer-Schluckauf war zu bemerken.

Zeitweise geriet die Börse in den Sog der Jahr-2000-Ängste, drehte Anfang November aber deutlich in die Höhe. Investoren, vorrangig die Laien, waren zuversichtlich, dass das Jahr-2000-Problem keines sein würde. Auf Vortragstouren fragte ich die Zuhörer immer wieder, wer mit einer Korrektur rechne. Selten meldete sich mehr als ein Fünftel der Teilnehmer. Kam es zur Frage, wer im Januar eine Rally erwarte, herrschte fast Einigkeit. Sicherlich war das keine besonders repräsentative Umfrage. Aber wie sich herausstellen sollte, war es ein guter Indikator. Investoren hatten Angst und waren leicht verunsichert, gesiegt aber hatte die Gier – man wollte vor der großen Rally, mit der die Mehrheit im Januar rechnete, am Aktienmarkt rechtzeitig positioniert sein.

Wer mit dem Risiko leben konnte und auf die Wette einging, wurde belohnt. Schon im Oktober sollte eine Rally starten, die gerade die Technologiewerte, trotz aller Jahr-2000-Bedenken, in den Himmel hob und, mit nur zeitweise Sand im Getriebe, bis in den Frühling andauerte. Investoren vermuteten, dass das Jahr-2000-Problem nur temporär sein dürfte und dass sich an der Wachstumsstory der Branche ansonsten nicht viel geändert hatte. Jegliche Kursschwäche, resultierend aus dem Jahrtausendwechsel, stellte eine gute Einstiegschance dar. Mal abgesehen von den psychologischen Faktoren der Kursrally wurde diese sicherlich auch aus fundamentalen Gründen ausgelöst.

Wie heißt es doch so schön an der Wall Street: „Bullshit walks, money talks!" Reden kann man viel – wirkliche Berge aber werden mit Geld bewegt. Im vierten Quartal des Jahres 1999 floss aus den verschiedensten Richtungen massiv Kapital in die Finanzmärkte dieser Welt.

Im Dezember 1999 verzeichneten amerikanische Aktienfonds höhere Kapitalzuflüsse als in den Monaten zuvor. Geld, das angelegt werden wollte. Gleichzeitig fiel der Prozentsatz an Bargeldmitteln in den Fonds auf das niedrigste Niveau des Jahres. Wertpapierkredite kletterten im vierten Quartal mit einer Jahresrate von fast 100 Prozent. In einem richtig dicken Dilemma saß vor allem Alan Greenspan, Chef der Notenbank. Obgleich die Konjunktur Turbo-Wachstumsraten aufwies, die Inflationsraten leicht nach oben drehten und der Aktienmarkt durchstartete, musste er die Fiskalpolitik auflockern, um möglichen Schwierigkeiten durch das Computerproblem vorzubeugen. Das Geldmengenwachstum wurde kräftig angekurbelt. Im vierten Quartal des Jahres 99 pumpte die Notenbank mehr Geld in den Wirtschaftskreislauf als während der gesamten Asienkrise.

Es musste ausreichend Liquidität geschaffen werden, um möglichen Problemen zum Jahreswechsel vorzubeugen. Greenspan hat einer ohnehin heiß laufenden Konjunktur zwangsweise noch mehr Brennstoff gegeben. Ihm blieb nichts anderes übrig. Da auch er, wie viele andere Experten, das Ausmaß der Schwierigkeiten nicht abschätzen konnte, musste er handeln.

Das Resultat war nicht nur ein boomender Aktienmarkt und das weitere Aufblähen der Internetblase, auch das Konjunkturwachstum im saisonal bedingten sonst schwachen ersten Quartal fiel ungewöhnlich robust aus. Mit einer Arbeitslosenquote unter vier Prozent, Anzeichen einer überhitzten Konjunktur und der grenzenlosen Euphorie im Nasdaq-Index musste der Notenbankchef im Frühjahr schnellstens vom Gaspedal auf die Bremse.

Das Geldmengenwachstum war von Januar bis Juli 2000 rükkläufig und hat sich erst im Juli wieder stabilisiert. Gekoppelt mit hohen Realzinsen und der kräftigen Korrektur am Aktienmarkt, wurden der Konjunktur und den Investoren wieder die Daumenschrauben angelegt. Alan Greenspan hat gute Karten, im Jahr 2001 sein Ziel zu erreichen: das perfekte Wirtschaftsumfeld mit moderat steigender Inflation und einem Wirtschafswachstum zwischen 3 und 3,5 Prozent. Eine Phase des gesunden Durchatmens für den alternden Bullenmarkt, der noch immer nicht gestorben ist und es auch auf eine absehbare Zeit nicht tun wird.

Ob der amtierende Notenbankchef Alan Greenspan oder Paul Volcker, der im Februar 1979 Chef der Notenbank wurde, beide wussten, dass Notenbankpolitik eine gehörige Portion Psychologie ausmacht. Immer wieder bewegten sie den Kapitalmarkt durch zweideutige Reden in die gewünschte Richtung.

Dass Psychologie an Bedeutung zugenommen hat, hängt in den USA stark mit dem steigenden Aktienanteil in der Bevölkerung zusammen. Besaßen 1989 nur dreißig Prozent des Volkes Aktien, lag der Anteil 1998 schon bei circa 50 Prozent. In diesen zehn Jahren kletterte das durchschnittliche Nettovermögen der Haushalte von 60.000 Dollar auf 72.000 Dollar. US-Investoren sollen durch den Börsenaufschwung der 90er Jahre aus drei Billionen Dollar rund zwölf Billionen Dollar gemacht haben. Wir sprechen hier von stolzen zwölftausend Milliarden Dollar oder mal bildlich ausgedrückt 12.000.000.000.000 Dollar.

Das Konsumverhalten des Volkes hängt heutzutage nicht allein von der Zinspolitik ab, sondern genauso stark vom Verlauf des Aktienmarktes. Rechnet der Anleger in jedem Jahr mit 30 Prozent Kursplus im Aktiendepot, kann man über die parallel leicht angehobenen Zinsen müde lächeln. Boomt die Wall Street weiter, bleibt das Volk in bester Laune und konsumiert kräftig weiter.

Eine Anhebung der Zinsen um einen Drei-Viertel-Prozentpunkt senkt das Bruttoinlandsprodukt schätzungsweise daher nur um einen Drittel-Prozentpunkt.

Will die Notenbank tatsächlich eine Abkühlung der Konjunktur erzwingen, müssen nicht nur die Zinsen angehoben, sondern auch der Aktienmarkt gezügelt werden. Der Reichtumseffekt durch die Wall Street muss gedämmt werden. Sinkt dann im Zuge einer Korrektur am Aktienmarkt das Vertrauen der Verbraucher in die Zukunft, geben diese normalerweise weniger Geld für Konsumgüter aus, die Konjunktur flaut ab. Da in den USA rund zwei drittel der Konjunktur aus Konsum bestehen, nimmt dieser Faktor eine bedeutende Rolle ein.

Dass die Wall Street im Jahr 2000 ausgesprochen schwankungsfreudig war und so manches Mal kräftig korrigierte, sollte unter diesem Aspekt kaum erstaunlich sein. Wie ein alter Spruch besagt: „Kämpfe niemals gegen die Notenbank." Der Bildung der Finanzblase im Frühjahr 2000 folgten mehrfache Warnungen von Greenspan. Er war entschlossen, das Konjunkturwachstum zu bremsen und Luft aus dem Aktienmarkt zu lassen. So warnte er bereits sehr früh, dass die jährlichen Kursgewinne des US-Aktienmarktes die persönlichen Ausgaben der Verbraucher nicht übersteigen sollten. Schnell rechneten die Profis hoch und kamen zu dem Ergebnis, dass unter diesem Szenario der Aktienmarkt jährlich zweistellige Prozentzuwächse nicht erreichen würde.

Greenspan warnte ebenfalls, dass – gemessen am Notenbankmodell – der Aktienmarkt fast 70 Prozent überbewertet sei. Das Notenbankmodell vergleicht das Verhältnis von Ertragswachstum der Werte im S&P-500-Index zu den 10-jährigen Renditen. Um eine Abkühlung des Wirtschaftswachstums zu erzielen, müsse sich der Aktienmarkt entweder um 20 Prozent herunterbewegen oder die Zinsen müssten weiter angehoben werden. All diese sehr klaren Worte untermauerten den Willen, das Wirtschaftswachstum mit allen Mitteln abkühlen zu wollen.

Der wohl bedeutendste und meines Erachtens cleverste Notenbanker bombardierte die Wall Street bis Mai 2000 nicht nur mit Zinsanhebungen, er nahm auch den Aktienmarkt ins Visier. Mal abgesehen davon, dass in den vergangenen 50 Jahren der Aktienmarkt meistens in einem Umfeld steigender Zinsen unterdurchschnittlich abschnitt, verfolgte Greenspan die Strategie der Verunsicherung.

In einer Rede vor dem Kongress wurde er gefragt, ob er seine Antworten nicht in einem klaren und verständlichen Englisch äußern könne. Er musste lachen und traf in seiner Antwort wieder mal den Nagel auf den Kopf: „Würde ich Klartext sprechen, würde mich niemand verstehen!" Tun Sie sich mal den Gefallen und kaufen sich nach einer Rede von Alan Greenspan die vier bis fünf marktführenden Tageszeitungen. Mit Verwunderung werden Sie feststellen, dass seine Worte so unterschiedlich ausgelegt werden wie die eines Propheten. Vier Zeitungen, fünf Meinungen sind das Minimum. Immerhin gelang es Greenspan – wie seinem Vorgänger Volcker –, die Inflation über einen langen Zeitraum in Zaum zu halten.

Kaum hatte der Markt sich darauf eingestellt, dass die letzte Zinsanhebung bevorstand, und atmete der Aktienmarkt wieder auf, kehrte nur wenige Tage später Verunsicherung an der Wall Street ein – die Aktienkurse sackten in den Keller.

Um Verunsicherung am Aktienmarkt hervorzurufen, stellte der Notenbanker selbst die erfreuliche Entwicklung der Produktivität in Frage. Lange Zeit argumentierte Greenspan, dass der Anstieg der Produktivität, wenn auch die Dauerhaftigkeit schwer abschätzbar sei, der Inflation entgegenwirke. Die expandierende Produktivität, so nahmen Börsianer an, ist folglich aus Greenspans Sicht eine positive Entwicklung.

Umso mehr wunderte man sich über seine Argumentationen gegen Produktivität im Frühjahr 2000. Die steigende Produktivität sorge für einen Anstieg an Optimismus und Hoffnungen. Dies treibe die Nachfrage in ungesunde Höhen und stelle ein Risiko dar. Eine Sichtweise, die bis heute nicht unbedingt jeder verstanden hat. Eines aber war klar – Greenspan hat seine Message mitgeteilt. Eine Mahnung, die laufende Party an der Wall Street nicht zu übertreiben.

Greenspan wusste, dass Aktienmärkte mit langsam steigenden Zinsen leben können – nicht aber mit tatsächlich steigender Inflation. Denn nur durch stark steigende Inflation steigt auch das Risiko einer Rezession und einer harten Wirtschaftslandung. Durch die in Frage gestellten Effekte der Produktivitätssteigerung wurde genau diese Inflationsangst angefacht – wieder hatten Investoren einen Grund zur Sorge.

Das neue Millennium wird ohne Frage als Jahr des Zitterns in die Geschichte des US-Kapitalmarktes eingehen. Zitterte man anfangs vor steigenden Zinsen, sorgten in der zweiten Jahreshälfte der explodierende Ölpreis, der schwache Euro und die September/Oktober-Korrektur bei Investoren für viele blaue Flecken.

Aus Angst vor steigenden Zinsen wird Angst vor schlechten Ergebnissen und einer abkühlenden Konjunktur. Mittlerweile haben zahlreiche Analysten ihre Wachstumsprognosen für 2001 reduziert. Das BIP soll 2001 statt der bisherigen Wachstumsprognosen von 4 Prozent um nur noch 3,3 Prozent zulegen, vermutete im Oktober 2000 die Investment Bank Goldman Sachs. Gleichzeitig wurden die Prognosen für das Ertragswachstum von Corporate Amerika bis ins erste Quartal 2001 deutlich reduziert. Ohne zu sehr auf die aktuellen Trends einzugehen, signalisiert mir diese Entwicklung nur eines: Zu viel Pessimismus ist die Basis der nächsten Rally.

Solange die Inflation unter Kontrolle bleibt, behalten die Bullen den Verlauf im Griff. Nachlassendes Ertragswachstum ist besser zu verdauen und der weitere Verlauf leichter zu prognostizieren als die Zinspolitik der Notenbank. So konnte dann auch der S&P-500-Index nach dem Ende der Zinsanhebung 1995 knapp 38 Prozent zulegen. Beim Thema Inflation spielen Angst und Unberechenbarkeit eine große Rolle.

Das Brokerhaus Bear Stearns hat die Phasen der Zinsanhebungen bis 1974 zurückverfolgt. Einzelhandels- und Finanzwerte lagen drei Monate im Anschluss an die letzte Zinsanhebung unter den Top-Performern. Und das, obwohl Investoren damals natürlich noch nicht wussten, welche Zinsanhebung die letzte sein würde. Tatsache ist, dass in den sechs Fällen seit 1974 dreimal die Zinsen rund 200 Tage später wieder gesenkt wurden. Interessant ist auch, dass Tabakaktien sowohl drei als auch sechs und zwölf Monate nach dem Ende der Zinsanhebungen zu den Top-Sektoren an der Wall Street gehörten.

Sieben

Der Schall und Rauch der Analystenwelt

Ein kluger Kopf weiß alles zu benutzen
HEINRICH IV, SHAKESPEARE

Sie erinnern sich an Ted, den Zwei-Dollar-Broker auf dem Parkett der New Yorker Aktienbörse? Während der schmerzhaften Korrektur im Herbst 2000 stoppte er mich auf dem Weg zu meinem Sendeplatz im „Main Room" der New Yorker Börse und meinte spöttisch: „Immer lächeln. Es ist alles nur ein Spiel. Wenn du das kapierst, dann kannst du mit ihm Geld verdienen!" Ein Spruch, über den ich mir noch lange Gedanken machen sollte.

Ich ärgerte mich an diesem schwachen Handelstag mal wieder über die Analystenwelt. Obwohl Chipaktien im Durchschnitt mindestens 40 Prozent vom Top verloren hatten, stuften die vor wenigen Monaten noch größten Optimisten die Aktien weiter ab. Eine Abstufung nach 40 Prozent Kursverlust ist so hilfreich wie eine Kaufempfehlung vor der Korrektur. Im Fall der Chipwerte hatten die meisten Analysten an beiden Enden falsch gelegen.

Die Empfehlungen hinkten den Kursentwicklungen hinterher. Statt die Korrektur vorherzusagen, gossen viele Analysten gegen Ende der Hochphase kräftig Öl ins Feuer. Einer von ihnen war Jonathan Jospeh, Analyst bei Salomon Smith Barney. Noch am 14. August sah er sich dazu veranlasst, die Gewinnerwartungen für Micron Technology anzuheben. Mit einem Kursziel von 125 Dollar sei die Aktie ein klarer Kauf. Wer auf seinen Ratschlag hörte, musste sich am 22. September ziemlich wundern. Der Aktienkurs hatte sich bereits halbiert, da rasierte derselbe Analyst das Kursziel nun auf 75 Dollar ab. Als sich der Kurs schließlich fast gedrittelt hatte und bei 33 Dollar stand, malte er wieder den Teufel an die Wand. „Preise für DRAM-Speicherchips sind letzte Woche wie ein Stein gefallen. Schwache Nachfrage und ein Überangebot wirken sich belastend aus. Allem Anschein nach ist das Ende des Preisverfalls nicht erreicht."

Einen ähnlichen „Volltreffer" landete das Brokerhaus Lehman Brothers bei den Aktien von Intel. Am 17. Juli jubelte Analyst Dan Niles: „Fast alles, was produziert wurde, konnte auch verkauft werden. Die Aussichten sind sehr, sehr robust." Doch auch diese klare Kaufempfehlung sollte sich als Schuss in den Ofen entpuppen. Am 22. September platzte die Bombe. Aufgrund der schleppenden Nachfrage in Europa werde das Umsatzwachstum leicht enttäuschen, warnte das Management. Der Kurs sackte von rund 60 auf 40 Dollar ab. Dan Niles reduzierte die Gewinn- und Kursaussichten, blieb aber bei seiner Kaufempfehlung. Die Begründung: „Liegt man als Analyst daneben, muss man sich entschuldigen. Dies tue ich. Wer in Aktien investiert, sollte aber nicht in den Rückspiegel schauen." Der Kurs sackte trotz dieser optimistischen Worte weiter in den Keller. Seit seiner ersten Kaufempfehlung Mitte Juli hat sich die Aktie fast halbiert. Nur gut, dass Niles auf Dauer Recht behalten wird. Spätestens bei der nächste Rally kann er nun sagen: Ich habe es ja schon immer gewusst! Intel ist ein Kauf.

Dass Analysten nicht unfehlbar sind, musste auch Edward Yardeni, Chefvolkswirt der Deutschen Bank in New York hautnah miterleben. Er hat wie kaum ein anderer bereits 1990 die Vorteile der New Economy und den Beginn dieser atemberaubenden Ära früh erkannt. Als andere noch rätselten, wie sich die Technologisierung auf die amerikanische Konjunktur auswirken würde, prognostizierte Yardeni einen starken Anstieg der Produktivität. Im Oktober 1996 sagte Yardeni voraus, dass das Internet zu einem globalen Auktionsmarkt aufsteigen würde. Und auch damit sollte er einen Volltreffer landen. Was das Jahr-2000-Problem betrifft, lag er jedoch massiv daneben und gehörte mit zu den größten Pessimisten. Doch weder eine globale Rezession noch wirkliche Computerprobleme sollten über die Menschheit einbrechen. Zu seiner Verteidigung muss man allerdings sagen, dass viele Unternehmen die Ernsthaftigkeit der Lage ohne sein Orakeln wahrscheinlich nicht erkannt hätten.

Wenn ich über die Jahre an der Wall Street eines gelernt habe, dann das Motto: „Ein Analyst ist nur so gut wie seine letzte Empfehlung." Man denke an Elaine Garzarelli, deren Name schon lange kein Gewicht mehr an der Wall Street hat. Berühmt wurde „Go-go-Garza", wie die Medien sie liebevoll getauft hatten, durch die Vorhersage des Aktiencrashs am 29. Oktober 1987. Im Spätsommer warnte die damalige Lehman-Brothers-Analystin vor einem 500-Punkte-Kurseinbruch des Dow-Jones-Index. So sollte es auch kommen – über 500 Punkte rutschte das Kursbarometer wenige Wochen später in die Knie.

Garzarellis Erfolg verblasste allerdings über die Jahre. Vor allem nachdem sie 1996 erneut einen Crash prognostizierte, erreichte die Bedeutung ihrer Worte an der Wall Street das ultimative Tief. „Go-go-Garza" machte ihrem Namen alle Ehre und ist nun tatsächlich „gone". Ich habe noch keinen Analysten kennen gelernt, der die Weisheit mit Löffeln gefressen hat – schließlich sind Analysten auch nur Menschen.

ANALYSTEN: KNAPP DANEBEN IST AUCH VORBEI

Investoren stellen zu hohe Ansprüche an die professionellen Auguren und wiegen sich durch den Ratschlag des Profis zu sehr in Sicherheit. Dabei liegt doch auf der Hand, weshalb ein Analyst nicht unfehlbar sein kann. Er muss bei der Bewertung einer Aktie hunderte, wenn nicht sogar tausende von Faktoren berücksichtigen: Die Branche, die internationalen Märkte, den einheimischen Markt, den Verlauf von Währungen und den Einfluss auf die Ertragszahlen, die Entwicklung von Rohstoffpreisen und unzählige andere Größen. Dazu kommt, dass sich jeder dieser einzelnen Faktoren permanent verändert und niemals wirklich konstant bleibt. Ein Analyst, so sagt man, muss in der Lage sein, all diese Einflussfaktoren zu einem Paket zusammenzuschnüren, um zu einem Endergebnis zu kommen – zu einer Empfehlung. Doch was sich in der Theorie gut anhört, funktioniert in der Praxis nicht. Researchdaten zeigen, dass Analysten über einen Zeitraum von 25 Jahren bei den Gewinnschätzungen für Unternehmen eine Fehlerquote von 44 Prozent haben. Es gibt viele schlechte Analysten, viele gute Analysten, aber nur wenige Genies. Auto fahren können auch viele – einen Schumi gibt es aber trotzdem nur einmal auf dieser Welt.

DAS HERDENPRINZIP

Vielleicht sind viele Analysten gerade deshalb nicht bereit, konträre Meinungen kundzutun, ist es doch auf lange Sicht wesentlich gesünder, mit der Masse danebenzuliegen, als einsam und verlassen gegen den Strom zu schwimmen. Damit folgen sie dem Urinstinkt der Menschheit. Das Herdenprinzip schützt – empfiehlt jeder IBM zum Kauf und die Aktie fällt, dann hatten alle

Unrecht. Schreit nur einer „verkaufen" und die Aktie steigt weiter, ruiniert man seinen Ruf. Kein Wunder, dass die Analysten, die das Zerplatzen der Internetblase vorhersagten, in einen Golf passen und diejenigen, die es im Nachhinein wussten, ins Münchner Olympiastadion. In der Welt des Investierens wird mehr reagiert und imitiert als unabhängig gedacht und gehandelt.

ANALYSTEN UND DER EINFLUSS DER AKTIENGESELLSCHAFTEN

Da Analystenmeinungen eine große Rolle für die Kursentwicklung einer Aktie spielen, versuchen Unternehmen, gelegentlich Einfluss darauf auszuüben. Manchmal haben sie damit sogar Erfolg, wie der Rausschmiss von Marvin Roffmann – damals noch Analyst des Brokerhauses Janney Montgomery Scott –, zeigt. Der New Yorker Baumagnat Donald Trump sorgte für Roffmanns Entlassung, weil er über dessen Kommentare erbost war. Die Vorstände von Unternehmen verteidigen immer vehementer ihre Aktienkurse gegen Kritik. Nicht selten strengen sie Prozesse an – alles im Dienste des „Shareholder-Value".

Sy Jacobs vom Brokerhaus Mabon, Nugent & Co wurde in die Investor-Relations-Wüste geschickt. Er hatte die Aktien von Household International, Inc. zum „Verkauf" empfohlen. Charles Peabody von dem mittlerweile aufgekauften Brokerhaus Kidder, Peabody & Co wurde nach einer Verkaufsempfehlung für die Valley National Bank and NCNB von den Informationsquellen abgeschnitten. Einige Vorstände scheinen tatsächlich der Meinung zu sein, dass die Börse eine Einbahnstraße sein muss und keinen geeigneten Ort darstellt, um offen auch negative Entwicklungen zu diskutieren. Leider wird durch dieses Denken die Redefreiheit der Analysten beschnitten. Die für den Investor so wichtige Objektivität ist dadurch nur bedingt gewährleistet.

MANGELWARE VERKAUFSEMPFEHLUNGEN

Nun ist ja bekannt, dass der Pessimist der einzige Mist ist, auf dem nichts wächst. Dennoch ist das Wort „verkaufen" für Investoren mindestens so wichtig wie kaufen. Stellen Sie sich vor, wie viele Aktien Sie mittlerweile im Depot hätten, würden Sie immer nur kaufen! Die richtige Aktie zu empfehlen mag schwer sein, den richtigen Zeitpunkt des Ausstiegs zu bestimmen noch viel schwieriger. Während man sich vor Kaufratschlägen kaum retten kann, wird man mit dem Timing fürs Verkaufen allein gelassen.

Mein Bericht fußt auf Daten, die am 31. August 2000 von First Call erstellt wurden. Das Researchhaus, das in Boston ansässig ist, sammelt Analystenschätzungen und Meinungen an der Wall Street. Die folgenden Berichte basieren auf den bei First Call eingegangenen Analystenempfehlungen der vorhergehenden 100 Tage.

Die Top-Ten-Brokerhäuser an der Wall Street gaben so gut wie keine Verkaufsempfehlungen! Die Empfehlungen bestehen aus allem Möglichen, nur kaum aus Verkaufstipps. Ob halten, kaufen, aggressiv kaufen, Top-Picks, Recommended Lists, überdurchschnittliche Marktperformer oder Marktperformer: Investoren bleiben im Dunkeln, was den Verkaufszeitpunkt ihrer Aktien betrifft – es sei denn, sie verstehen sich darauf, zwischen den Zeilen einer Empfehlung zu lesen.

Von den 9.402 veröffentlichten Einstufungen der zehn größten US-Brokerhäuser waren in den letzten 100 Tagen zum 31. August nur 29 oder 0,3 Prozent Verkaufsempfehlungen. Offensichtlich haben Analysten an der Wall Street, und vielleicht nicht nur dort, mit dem „V"-Wort Schwierigkeiten. Liegt es daran, dass Analysten nur Aktien mit Potenzial verfolgen? Gibt es wirklich so viele Aktien, die nie wieder sinken? Doch die Börse ist eben keine Einbahnstraße. Bei derart wenigen Verkaufsempfehlungen muss so mancher Tipp rein statistisch betrachtet ein Schuss in den Ofen sein.

Ob Merrill Lynch, Morgan Stanley, Salomon Smith Barney, Bear Stearns oder die Credit Suisse – will man die Verkaufs-empfehlungen dieser Brokerhäuser finden, muss man sich mit der Lupe auf die Suche machen. Merrill Lynch bewertet laut First Call 1.337 börsennotierte Aktiengesellschaften. Davon waren Ende August lediglich fünf Werte auf „reduce" gestuft. Das Wort steht bei Merrill Lynch für verkaufen. Bei Salomon Smith Barney tut man sich anscheinend besonders schwer. Von den 1.150 eingestuften Werten ist nicht ein einziger Titel auf den Verkaufslisten. Und auch bei Bear Stearns konnte man sich von den 701 Empfehlungen wiederum bei nur einem Wert zu „ver-kaufen" durchringen. Selbst Morgan Stanley, das gemessen am Marktwert größte US-Brokerhaus, empfahl von insgesamt 896 bewerteten US-Aktiengesellschaften nur eine einzige zum Ver-kauf. Sie stuften die Aktien von Great Atlantic & Pacific Tea auf „unterdurchschnittlicher Marktperformer" ab. Was für ein Wort! Dabei würde die Empfehlung „verkaufen" doch alles sagen! Der Abstufung folgte eine Ertragswarnung.

Die Credit Suisse First Boston, deren Analysten 1.057 Werte verfolgten, tanzte mit ihren acht Verkaufstipps schon aus der Rei-he. Dort scheint man gewillter zu sein, eine Aktie mit diesem Pfui-Wort zu belegen.

Dank der wenigen Verkaufsempfehlungen löst sich manche „Kaufempfehlung" leider in Rauch auf. Während selbst Joe Shmoe aus Idaho und Oma Kapulske spitzbekommen haben, dass Aktie XY keine so rosige Zukunft mehr hat, hält mancher Analyst eisern an seiner optimistischen Einstufung fest.

Die Aktien des Internet-Spielzeugverkäufers eToys sind von einem Top von 84 $1/4$ Dollar im Oktober 1999 auf unter 4 Dol-lar eingebrochen. Fast 10 Milliarden Dollar an Marktwert wurden ausradiert. Doch die Analystenwelt scheint auf dem eToys-Auge blind gewesen zu sein. In den 100 Tagen bis zum 31. August gaben vier Analysten eine Kaufempfehlung auf den gebeutelten Wert. Weitere acht Analysten stuften eToys mit „halten" ein. Kein einziger Top-Ten-Broker hatte den Wert auf „Verkauf" gesetzt. Die Investment Bank Goldman Sachs, die im vergangenen Jahr zu den Emissionshäusern von eToys gehörte, stuft den Konzern als „überdurchschnittlichen Marktperformer" ein.

Ein weiteres Beispiel anscheinend grenzenloser Ignoranz ist die Bewertung der Aktien von Legato Systems, eines der größten Nasdaq-100-Verlierer der ersten neun Monate des Jahres 2000. Seit Beginn des Jahres hat der Wert vom Top rund 78 Prozent an Kurswert oder 4,6 Milliarden Dollar an Marktwert verloren. Das Unternehmen musste nicht nur die Bilanzen des Jahres 1999 neu berechnen, man meldete im August zudem, dass die US-Börsenaufsicht plane, den Hersteller von Datenspeicher-Software unter die Lupe zu nehmen. Laut der Nachrichtenagentur Bloomberg hatte von 18 Analysten ein einziger die Nerven, die Aktie auf „verkaufen" abzustufen. Wie bereits erwähnt, sind sich die Wall-Street-Brokerhäuser bewusst, dass manche der börsennotierten und von Analysten verfolgten Aktiengesellschaften auch Kunden ihrer Investment-Banking-Abteilung sind.

Nach diesen Beispielen hat sich vielleicht auch bei Ihnen der Eindruck verstärkt, dass so mancher Analyst nicht bereit zu sein scheint, diese lukrativen Geschäftsbeziehungen durch Verkaufsempfehlungen zu gefährden. Kaum einer scheint riskieren zu wollen, bei der nächsten Fusionsberatung oder der anstehenden Platzierung einer Anleihe wegen einer Verkaufsempfehlung außen vor bleiben zu müssen.

Wird eine Aktie abgestuft, die im Besitz der institutionellen Kundschaft ist, schafft sich das Brokerhaus auch nicht gerade Fans. Im Gegenteil. Es könnte die schwer erarbeitete Kundschaft verärgern. Kein Wunder, führt der ausgelöste Kursrutsch für diese natürlich zu einem finanziellen Schaden!

Wie also legt man den Verkaufszeitpunkt für eine Aktie bei so wenig Hilfe fest? Nun, Hilfe ist eigentlich doch da. Man muss zwischen den Zeilen lesen können. Professionelle Investoren versuchen, einen gewissen Unterton aus den Studien herauszuhören oder im persönlichen Gespräch mit den Analysten mehr zu erfahren. Ob nun eine Aktie von „aggressiv kaufen" auf „kaufen" abgestuft wird oder von „kaufen" auf „halten", ist nicht der ausschlaggebende Punkt. Viel wichtiger ist, warum ein Titel auf- oder abgestuft wird. Viele institutionelle Investoren nehmen Analystenabstufungen daher ganz genau unter die Lupe.

„Halten" ist eine freundliche Art, auszudrücken, dass der Kandidat im Depot vorerst totes Kapital sein wird. Es ist ein Wink mit dem Zaunpfahl, dass man den Verkauf in Erwägung ziehen sollte. Analystenbotschaften zu entschlüsseln, ist eine ganz besondere Geheimwissenschaft. Selbst wenn eine Aktie von „aggressiv kaufen" auf „kaufen" abgesenkt wird, kann dies unterm Strich ein guter Grund sein, die Aktienpositionen abzubauen. Mit einer Abstufung, von welcher Art auch immer, geben die Experten dem Markt ein Verkaufssignal.

Besonders schön finde ich es, wenn ein Analyst eine Aktie zum Kauf empfiehlt, aber gleichzeitig von „Warnlampen" oder „einer möglichen Revidierung" berichtet. Der Mann hat in jedem Fall Recht! Steigt der Wert, hatte er zum Kauf empfohlen. Fällt die Aktie, leuchteten auch bei ihm schon lange die Warnlampen. Eine moderne Form der Rückversicherung ganz nach dem Motto: Und das wäre Ihr Preis gewesen! Aber nun gut, auch ein Analyst ist nur ein Mensch.

Ein gutes Beispiel dafür, dass Analysten dem Trend oft hinterherhinken, ist ihre Einschätzung der SAP-Aktie zwischen 1998 und 2000.

Juli 1998:
Die SAP-Aktie steht bei rund 670 Euro. Der Gang an die Wall Street steht an und alle Prognosen sind bullish. Dem Unternehmen wird eine rosige Zukunft prophezeit.

September 1998:
SAP-Aktien sind auf rund 420 Euro abgesackt. Die Analysten von Julius Bär sehen kaum noch Chancen und empfehlen die Aktie zu verkaufen. Ein Volltreffer!

Januar 1999:
Es geht abwärts. Die schlechten Nachrichten überschlagen sich. SAP hat die Gewinnziele für 1998 nicht erreicht. Der Kurs fällt auf rund 330 Euro.

März 1999:
Die schlechten Nachrichten nehmen kein Ende. Der Gewinn ist im ersten Quartal 1999 weiter zurückgegangen. Der Aktienkurs liegt bei rund 270 Euro.

März 2000:
SAP ist seit dem Tiefkurs von 1999 rund 300 Prozent gestiegen. Doch erst bei über 1000 Euro traut sich Merrill Lynch, die Aktie mit einem Kursziel von 1350 Euro zum Kauf zu empfehlen. Ein Griff ins Klo!

April 2000:
Die SAP-Aktie notiert wieder bei rund 640 Euro.

FAZIT: Wenn Analysten eine Aktie empfehlen, ist der Zug schon oftmals abgefahren. Die alte Börsenregel „Buy on bad news, sell on good news" hätte man hier perfekt anwenden können.

126

Ein Grund mehr, als Privatinvestor auf die eigene innere Stimme zu hören: Informieren Sie sich, bleiben Sie ihrer Strategie treu und handeln Sie. Schließlich müssen Sie, und nicht der Analyst, mit dem Ergebnis leben.

Was das betrifft, ist die Börse auf eine erschreckende Weise ehrlich. Ehrlich deshalb, weil sich alles, was an der Börse passiert, letztlich in Zahlen auf Ihrem Depotauszug niederschlägt. Sie können sich nicht belügen. Am Ende steht eine Zahl, die Ihren Erfolg oder Misserfolg klar ausweist. Angst, Liebe, Hass, Übertreibung, Depression und Gier treten für mich nirgendwo so offen zu Tage wie auf dem glatten Parkett der Börse. Und nirgendwo sonst werden einem Erfolge und Misserfolge so klar vor Augen geführt wie an der Börse. Menschen tendieren dazu, sich in den verschiedensten Lebenslagen etwas vorzumachen. In vielen Bereichen des Lebens kann das auch lange Zeit funktionieren, nicht aber an der Börse. Hier ist meine Bilanz entweder positiv oder negativ. Ich kann die Zahlen zwar ignorieren, aber das ändert nichts an der Realität. Und am Ende wird mich diese Realität wieder einholen.

Da wären wir dann wieder bei dem Thema Psychologie und der Frage, was und wer bewegt die Märkte. Analysten, Broker, Notenbanker und Politiker geben den Anstoß. Bewegt wird er aber von den Investoren und Menschen, die darauf reagieren.

Dabei sollte man eigentlich agieren und nicht reagieren. Doch trösten Sie sich: Selbst die meisten Analysten reagieren lediglich. Zahlreiche Studien zeigen, dass Analysten Ergebnisschätzungen und Kursziele erst mit dem Trend ändern. Statt Blicke in die Zukunft zu werfen, drehen sie ihr Fähnchen nach dem Wind. Sprich: Selbst Profis handeln schlichtweg aus Angst oder Euphorie.

Wenn schon Profis sich von Emotionen leiten lassen, müssen Sie als Laie erst recht nicht all die tollen Modelle und Berechnungen verstehen. Alles, was Sie wissen müssen, sind die Ursachen von Angst und Euphorie. Sonst kommt es darauf an, in die richtige Richtung zu schwimmen. „The trend is your friend", der Trend des Handelsverlaufes ist dein Freund.

Acht

Technische Analyse:
Viel Psychologie – nicht
immer treffsicher

Die Existenz von Trends allein bewirkt noch
lange keinen Erfolg an der Börse
JOHN MAGEE

*b*esitzen Sie zufällig einen echten Glückspfennig, einen, der bei jedem Wurf mit dem Kopf nach oben landet? Um einen zu finden, besorgen Sie sich hundert Pfennigstücke und werfen sie in die Luft. Diejenigen, die mit der Zahl nach oben landen, können Sie entsorgen. Dann werfen Sie die verbleibenden Pfennige noch mal. Und wieder sortieren Sie die aus, die nicht mit der Zahl nach oben landen. Das wiederholen Sie so lange, bis nur noch einer übrig bleibt. Jetzt haben Sie mindestens einen ganz besonderen Glückspfennig. Denn einer, der bisher immer auf den Kopf fiel, muss das ja auch in Zukunft tun. Ist doch logisch, oder?

Die technischen Analysten untersuchen die Aktiencharts auf Formationen und Chartverläufe, die in der Vergangenheit häufiger aufgetreten sind. Mit diesen Erfahrungswerten versuchen sie, die zukünftige Kursentwicklung vorherzusagen. Gegner der Technischen Analyse können argumentieren, dass sie nichts anderes ist als unser Experiment mit dem Glückspfennig.

Die Wahrheit über quantitative Methoden ist, dass gute Trader dank ihrer Hilfe mehr Geld verdienen, schlechte verlieren noch mehr. Es gibt Trader, die nur eine Trefferquote von 25 Prozent haben, aber dennoch gute Geschäfte machen. Sie machen viel Geld in den wenigen Fällen, in denen sie richtig liegen, und begrenzen die Verluste, wenn sie sich mal irren. Andere Investoren haben Trefferquoten von 75 Prozent oder mehr und verlieren trotzdem Geld, weil sie bei den Verlustpositionen nicht Kasse machen und die Gewinne nicht laufen lassen.

Die wahren Gewinner an der Börse können sich eingestehen, wenn sie aufs falsche Pferd gesetzt haben und werden den lahmen Gaul sofort wieder los. Verlierertypen glauben an das Prinzip Hoffnung. Der Verlierer hält auch in schlechten Zeiten an irgendwelchen Charts oder Analystenkommentaren fest. „Wenn die Aktie noch einmal steigen würde!", sagen sie sich, „dann könnte ich auch verkaufen". Manchmal rechtfertigen sie ihr Zögern mit den Worten: „Die Aktie kommt von 200, bei 120 war sie billig." Doch die Talfahrt stoppt natürlich nicht bei 120, und der arme Mensch muss beobachten, wie der Wert weitere 50 Dollar verliert. Billige Aktien werden oft noch billiger. Jeder Investor, der nicht angemessen mit Verlusten umgehen kann, sollte lieber Aktienfonds kaufen und Einzelwerten fernbleiben.

Sowohl Gewinner als auch Verlierer verwenden oftmals Technische Analysen, um den Zeitpunkt eines Investments abzupassen. Doch es ist weniger entscheidend, den perfekten Zeitpunkt zu erwischen, als sich nach dem Einstieg richtig zu verhalten. Fragen Sie sich, wie viel Sie zu riskieren gewillt sind! Und bleiben Sie den gesteckten Schmerzgrenzen treu. Weichen Sie von Ihrer eigenen Messlatte ab, werden Sie auf Dauer scheitern. Nur Verlierer denken ständig darüber nach, wie viel Geld sie machen können. Ist dann der erhoffte Gewinn erreicht, packt sie die Gier und sie möchten noch mehr verdienen. Wenn der Wert schließlich dreht und wieder zu fallen beginnt, fehlen ihnen meist die

Nerven, nur die Hälfte des ursprünglichen Gewinns mitzunehmen. Und wenn sie dann noch ein wenig warten, müssen sie sich stattdessen Gedanken darüber machen, wie sie ihre Verluste begrenzen. Das ist wesentlich schwieriger und zugleich wichtiger, als sich Gewinnziele zu setzen.

Versuchen Sie lieber erst gar nicht, fallende Messer zu fangen. Limitieren Sie Verluste und kaufen Sie nicht blind nach, wenn die Aktie sich auf dem Weg nach unten befindet. Vergessen Sie einfach, zu welchem Kurs Sie eine Aktie gekauft haben! Der Aktie ist Ihr Einstiegskurs auf dem Weg nach unten völlig egal. Lassen Sie sich nicht von einer verlustbringenden Position außer Gefecht setzen. Kümmern Sie sich lieber um die nächste Chance und halten Sie sich an die von Ihnen gesetzten Regeln.

Die Technische Analyse kann genutzt werden, um Einstiegs- oder, genauso wichtig, Ausstiegspunkte zu setzen. Sie kann dabei helfen, mögliche Investmentkandidaten ausfindig zu machen. In erster Linie hilft sie meines Erachtens jedoch dabei, sich an die eigenen Richtlinien zu halten.

Sie haben den Zug verpasst, es regnet, es ist sonnig, Sie sind frisch verliebt, Ihr Partner hat Sie zur Hölle geschickt, das Baby hat die ganze Nacht wie am Spieß geschrien, die Rechnungen stapeln sich − all das kann die Entwicklung Ihres Depots beeinflussen und manchmal beeinträchtigen. Technische Analysen können dabei helfen, den Einfluss der Emotionen zu beschränken.

Lassen Sie mich noch ein wenig Pfennig fuchsen und anhand eines Zufallssystems deutlich machen, warum selbst gesteckte Ziele so wichtig sind. Immer wenn der Pfennig Kopf zeigt, soll eine Aktie gekauft, bei Zahl verkauft werden. Nun machen wir einem Anleger weis, wir hätten ein kompliziertes und treffsicheres System entwickelt, dass in der Lage ist, die Zukunft vorherzusagen. Er ahnt nicht, wie wir die Entscheidungen wirklich treffen. Das Einzige, was er erfährt, sind Kauf- oder Verkaufssignale.

Dadurch weiß er natürlich nicht, wie der Kurs sich entwickeln wird. Ob die Information ihm nützt, hängt einzig und allein davon ab, welche Regeln er sich selbst gibt.

Da die Technische Analyse sehr verbreitet ist, wird aus der Theorie eine sich selbst erfüllende Prophezeiung. Selbst wenn sie nichts weiter als Humbug wäre – wenn sich viele an von ihr vorgegebene Einstiegs- und Ausstiegspunkte halten, bewegt sich der Markt in die vorhergesagte Richtung. Ob mit oder ohne Analyse – Märkte verändern sich permanent. Dementsprechend muss ein quantitatives System, dass in den 80er Jahren funktionierte, heute noch lange nicht funktionsfähig sein. Und das System, das anscheinend heute funktioniert, kann schon morgen überholt sein. In einem Bullenmarkt ist es einfach, Kaufsignale zu erzeugen. In einem volatilen Aktienmarkt kann der Zeitpunkt des Ausstiegs jedoch wichtiger sein als der des Einstiegs. Abgesehen davon müssen Systeme, die in einem Bullenmarkt funktionieren, sich noch lange nicht für einen Bärenmarkt eignen. Das Börsenumfeld kann sich wieder verändern – die eisernen Richtlinien aber bleiben immer die Alten: Setzen Sie sich eigene Regeln und halten Sie sich daran.

Es gibt viele gute Bücher, die Ihnen dabei helfen, Ihre eigenen Richtlinien zu erstellen, und durch die Sie viel über die Bewegung von Märkten lernen können. Doch die besten Regeln sind die eigenen. Es ist sinnvoll, ein Tagebuch über Ihre Wertpapiertransaktionen zu führen. Schreiben Sie sich auf, wie Sie sich bei erfolgreichen und wie bei verlustbringenden Transaktionen verhalten haben. Wenn Sie das konsequent für einige Zeit durchhalten, können Sie aus Ihren Notizen deutlich erkennen, welche Fehler Sie machen. Letztendlich liegt es dann in Ihren Händen, ob Sie daraus lernen oder nicht.

Wie Edwin Lefèvre 1923 in seinem berühmten Buch „*Reminiscences of a Stock Operator*" treffend schrieb: „Wenn eine

Aktie sich merkwürdig verhält, dann fasse sie nicht an: Nicht in der Lage zu sein, exakt zu wissen, was falsch ist, bedeutet nicht sagen zu können, wie es weitergehen wird. Keine Diagnose, keine Prognose. Keine Prognose, kein Gewinn."

Schon zu Beginn des zwanzigsten Jahrhunderts hielten viele Marktbeobachter Technische Analysen für ein ungeeignetes Diagnoseinstrument. So bezeichnet der Fachautor Thomas Gibson in seinem Buch „The Pitfalls of Speculation" im Jahre 1906 den Ansatz als „unglaubwürdig, absolut töricht und dazu noch hochgefährlich." Auch Kollege Richard Wycoff gehörte zu den Kritikern. 1924 schrieb er: „Überall in Brokerhäusern sieht man Menschen mit Chartbüchern unterm Arm geklemmt. Dennoch scheint keiner von ihnen Geld zu haben."

Warum die Jungs kein Geld hatten, wurde nach einer Studie von Alfred Cowells im Jahr 1932 klar. Die Prognosen von 24 Chartdiensten hatten eine niedrigere Trefferquote als ein Zufallsindikator. Zufallsanleger konnten vier Prozent mehr Gewinn verbuchen als diejenigen, die sich nach Technischen Analysen richteten. Hätte ein Schimpanse mit Dartpfeilen Aktien ausgewählt, wäre er erfolgreicher gewesen.

Und so verstrichen die Jahre und Jahrzehnte. Nur eines hat sich seither nicht geändert: Die Trefferquoten von Technischen Analysen sind noch immer lausig. So berichtet das Investorenmagazin *Barron's* im Dezember 1980 von John Magee, einem der Autoren des Buches „Technical Analysis of Stocks", das als einer der führenden Ratgeber der Technischen Analyse gilt. Magee gab zu, mit seinen eigenen Investments keinen besonderen Erfolg zu haben.

Auch der bekannte Erfinder der Elliott-Wellen-Theorie kommt in der amerikanischen Fachpresse nicht ungeschoren davon. „R. N. Elliott, dessen Strategien vor allem in den 80er Jahren in Mode waren, hat selbst nie Geld gemacht", schrieb die *New York Times* im Juni 1983.

Noch heute ist für viele technische Analysten das Thema Börsencrash Oktober 1987 ein wunder Punkt, auch wenn sie das selten zugeben. Die Analysten, die den Crash vorausgesagt hatten, könnten bequem in einem Volkswagen Platz nehmen. Die Analysten die vorgeben, es gewusst zu haben, könnten das Münchner Olympiastadion füllen. Im Nachhinein wussten es mal wieder alle!

Auch die Prognosen für den heute noch andauernden Bullenmarkt waren zu dessen Beginn alles andere als treffsicher. Einige Analysten sahen den Boden am 8. Oktober im Dow Jones bei 2.200 Punkten, andere bei 1.700 oder 1.444. Der Tiefstand des Marktes war drei Tage später bereits erreicht und lag weit über der optimistischsten Prognose. Danach ging der Markt beständig nach oben. Die Analysten konnten sich keinen lang anhaltenden Anstieg des Aktienmarktes vorstellen. „Analysten lesen ihre Charts – und schluchzen", kommentierte ein Journalist der *Business Week* die traurige Erfolgsquote.

Der Schmerz sollte auch in den folgenden Monaten nicht nachlassen. Während der Aktienmarkt boomte, malten die Profis weiterhin den Teufel an die Wand.

Wall Street Journal, 22.10.1990:
Weder zwei technische Analysten noch vier Marktstrategen sehen voraus, dass ein Turnaround bevorstehen könnte.

Wall Street Journal, 12.11.1990:
Seit dem Tief im Oktober hat der S&P-500-Index sechs Prozent zugelegt. Wieder erscheint ein warnender Bericht: „Eine Bärenmarkt-Rally? Es sieht so aus."

Barron's, 24.12.1990:
Vier technische Analysten äußerten sich in einem Interview negativ und behaupteten, der Bärenmarkt sei nicht vorbei!

Und wer hätte das gedacht: Der Bullenmarkt dauerte bis weit ins Jahr 1991 und sah erst im November eine scharfe Korrektur um fünf Prozent. Darauf folgten natürlich gleich die nächsten Horrorszenarien. Wie im Oktober 1990 waren die technischen Analysten überzeugt, dass ein großer Crash unmittelbar bevorstehe. Immerhin sind die Vorhersagen der Jungs als Anti-Indikator brauchbar. Denn einen Tag nach der Veröffentlichung erreichte der Dow Jones mit 2.902 Punkten seinen Tiefstand und legte dann innerhalb von zwei Wochen 266 Punkte zu!

Doch nicht nur in Bezug auf den Dow Jones, auch bei einzelnen Aktien haben sich quantitative Analysten alles andere als bewährt. Das Magazin Barron's wertete 1995 die Empfehlungen eines Computersystems aus, das Aktien nach festen einzelnen technischen und fundamentalen Parametern bewertete. Die zum Kauf empfohlenen Aktien verloren im Untersuchungszeitraum sechs Prozent ihres Werts. Die negativ beurteilten Werte legten dagegen im Durchschnitt um vier Prozent zu. Mag sein, dass nur die Parameter falsch gewichtet waren. Sicherlich sind andere Computersysteme besser ... oder vielleicht doch nicht? Vielleicht sollte man einfach das Gegenteil machen?!

WARUM DIE TECHNISCHE ANALYSE NICHT FUNKTIONIERT!

Eine gängige Annahme ist, dass sich Gier und Angst, gute oder schlechte Nachrichten in den Charts reflektieren. Dabei bleibt außen vor, dass Gier und Ängste eines Fonds selten mit denen eines Privatanlegers übereinstimmen! Manchmal sind die Reaktionen der beiden Anlegerspezies sogar entgegengesetzt, so dass sie sich gegenseitig aufheben. Die meisten Charts konzentrieren sich jedoch auf Privatanleger und spiegeln die Aktivitäten von Institutionen nicht ausreichend wieder.

Ein Beispiel: Die Aktien von American Cyanamid zogen am 10. Dezember 1979, begleitet von einem ungewöhnlich aktiven Handelsvolumen, kräftig an. An den Fundamentaldaten des Unternehmens hatte sich nichts verändert, so dass es sich bei dem Kurszuwachs scheinbar um eine reine technische Entwicklung handelte. Das dachten auch kleinere Anleger und kauften kräftig. Wer im Tagesverlauf die Blocktrades verfolgte, konnte die Lunte wittern. Ein Blocktrade ist ein Kauf- oder Verkaufsauftag über mindestens 10.000 Aktien.

An diesem Handelstag gingen 31 große Aktienblöcke, hinter denen sich der institutionelle Handel verbirgt, über die Bühne – alles Verkäufe noch dazu.

Während Privatinvestoren die Aktie aufkauften und von einer technischen Reaktion redeten, befanden sich die Profis auf der Verkaufsseite. Die verkauften in die Kursstärke hinein American-Cyanamid-Aktien. Daraus lässt sich schließen, dass die Institutionen wie beispielsweise Fonds die in Ungnade gefallene Aktie an Privatinvestoren weiterreichen. Was an der Oberfläche nach einer erfreulichen technischen Entwicklung aussah, sollte sich als Bullenfalle für Kleinanleger herausstellen.

Die einzig verfügbaren Indikatoren für die Aktivitäten des institutionellen Handels sind entweder die Blocktrades oder die großen Kapitalströme. Doch keiner der Indikatoren wird zurzeit in den zahlreichen Bausteinen der Technischen Analyse verwendet. Weil der Einfluss der institutionellen Anleger aber größer wird, müssen die Voraussagen der Technischen Analyse zwangsläufig ungenauer werden.

TECHNISCHE ANALYSTEN ÜBERSCHÄTZEN
DIE ADVANCE/DECLINE-LINIE

Viele technische Indikatoren helfen zwar, den Markt zu verstehen, eignen sich aber nicht, um die zukünftige Performance vorherzusagen. Selbst einer der Lieblingsindikatoren, die Advance/Decline-Linie, hat ihre größeren Haken und Ösen.

Die Advance/Decline-Linie, auch Fortschritts-Rückschrittslinie genannt, entsteht durch eine einfache Rechnung. Erst wird der Saldo aus der Zahl der gestiegenen Aktien und der gesunkenen Aktien für einen Börsentag zu den Salden des Vortages addiert, dann trägt man den Gesamtsaldo für jeden Börsentag in ein Diagramm ein und verbindet die einzelnen Punkte.

Wird ein steigender Aktienmarkt von einer fallenden A/D-Linie begleitet, kann der Indikator sicherlich hilfreich sein. Eine fallende A/D-Linie in einem robusten Markt muss nicht unbedingt Ärger am Horizont bedeuten. Sie sollte dem Beobachter vielmehr signalisieren, dass sich eine Rally auf bestimmte Aktien beschränkt und selektives Stockpicking angesagt ist.

So ungern einige es auch hören wollen: Die A/D-Linie ist kein vorausschauender, sondern ein rückblickender Indikator. Kumuliert man die A/D-Linie ab 1931 (Tag 1 wird mit dem 2. Tag addiert; die Ergebnisse werden wiederum zu Tag 3. addiert usw.), erreichte sie Ende Februar 1959 ihr Hoch. Bis heute hat sie diesen Wert nicht wieder erreicht. Der Dow Jones ist dagegen seit dem 27. Februar 1959 von 603 Punkten auf rund 11.000 gestiegen. Läppische 1.700 Prozent!

Beispiele für die schlechte Prognosekraft dieses Indikators gibt es viele. Auch in dem Bullenmarkt 1970 bis 1973 schlug er Fehlalarm. Am 28. April erreichte die A/D-Linie bei einem Dow-Jones-Stand von 951 Punkten das Top – die Bullen aber blieben bis zum 11. Januar 1973 auf dem Parkett. Erst bei 1.051

Punkten war der Dow Jones an seinem vorläufigen Höhepunkt angekommen.

In der Ära nach dem 87er Crash erreichte die A/D-Linie am 8. August bei einem Dow-Jones-Stand von 2.699 Punkten das Top. Der Index turnte nur leider froh und lustig bis zum 17. Juli 1990 auf die 3.000er Marke zu. Erst an dem Tag machten die Bullen den Bären kurzzeitig Platz.

STIMMUNGSINDIKATOREN MIT SCHÖNHEITSFEHLER

Investors Intelligence sammelt die Prognosen amerikanischer Börsenbriefe und errechnet daraus ein Verhältnis von positiv zu negativ gestimmten Briefen, den Bullish/Bearish-Indikator. Ein an der Wall Street sehr populärer Indikator.

Zugegeben, auch ich verfolge diesen Indikator gerne, ist er doch ein hervorragender Stimmungsindikator des Aktienmarktes. Dennoch sollte man sich nicht blindlings auf ihn verlassen. In der Vergangenheit sind die Prognosen zu oft nicht eingetreten.

Die Fans dieses Indikators führen gerne an, dass er kurz vor dem Börsencrash 1987 einen riesigen Optimismus anzeigte. Wer auf die Warnlampen hörte und ausstieg, blieb vom Crash verschont. Mitte des Jahres 1968 gab es dagegen eine derart überwältigend hohe Zahl fallender Aktien, dass der Markt nur steigen konnte. Und genau so kam es auch. Eine Rally wurde eingeläutet.

So treffsicher diese Prognosen waren − der Indikator ist dennoch ziemlich ungenau und irreführend. Im Februar 1971 erreichte er ein ausgesprochen bullishes Niveau. Trotzdem stieg der Aktienmarkt in den zwei Folgejahren um 18 Prozent. Auch im Januar 1985 zeigte der Indikator einen großen Überhang an Optimismus. Doch dem Bullenmarkt, der 1980 startete, ging auch noch lange Zeit danach nicht die Luft aus.

VERKANNTE TRENDS

Seit Anfang der 90er Jahre wird es des Öfteren als schlechtes Zeichen gedeutet, dass mehr Kapital in Aktienfonds fließt. Gemunkelt wird auch, dass Amerikaner nicht lange fackeln und bei dem geringsten Anzeichen von Unsicherheit ihre Aktienbestände verkaufen werden. Doch die Asienkrise kam und ging. Das Jahr-2000-Problem kam und ging. Und was ist geschehen? Weder Panikverkäufe traten auf, noch ist der Bullenmarkt beendet.

Ende 1995 wurde wiederum gewarnt, dass 40 Prozent der Aktienfondsbesitzer erst seit kurzem Investoren seien und viele Aktien in den vorhergehenden 18 Monaten gekauft hätten. Wenn die Masse die Wall Street entdecke, müsse man sich warm anziehen. Doch auch diese Unkenrufe erwiesen sich als unbegründet. Im Gegenteil: Wer nicht dabeiblieb, steht noch heute im Regen!

Alle wissenschaftlichen Anstrengungen, Aktienkurse exakt vorauszusagen, haben nicht gefruchtet. Auch wenn kurzzeitig einige Analysten glaubten, den Stein des Weisen gefunden zu haben, so wurden ihre Thesen über kurz oder lang von der Wirklichkeit widerlegt. Thomas Henry Huxley hat die Enttäuschung auf den Punkt gebracht: „Die Tragödie der Wissenschaft ist die Zerschlagung einer Theorie durch Fakten!"

Der ehemalige Vorstand des New Yorker Brokerhauses Bear, Stearns & Co., Ace Greenberg, hat sich über das Versagen der Technischen Analyse seine Gedanken gemacht und sie seinen Topmanagern in einem Memorandum vom 27. Januar 1995 mitgeteilt:

„Eine Reihe von Sales-Leuten hat mich gebeten, einen technischen Marktstrategen einzustellen. Ich habe nun jemanden ausfindig machen können, der die Bedürfnisse eines jeden befriedigen dürfte. Er wird im wahrsten Sinne des Wortes nur für ‚Peanuts' arbeiten.

Wir brauchen Doodles Danenberg nur einen Bleistift und ein Stück Papier in die Hand zu drücken und schon erledigt er seinen Job. Seine Grafiken können dann von uns in den Umlauf gebracht werden. Ich garantiere Ihnen, sie werden mindestens so gut sein wie andere technische Arbeit an der Wall Street.

Doodles wird allerdings nicht in der Park Avenue arbeiten. Auf Wunsch steht er aber jederzeit in Beratungsfragen zur Verfügung. Sein Sitz ist nur wenige Blocks von hier. Er ist ein Schimpanse, der im Central Park Zoo residiert."

Neun

SHORTSELLER –
DIE DETEKTIVE DER WALL STREET

„Bären können nur dann Geld verdienen, wenn die Bullen Aktienkurse auf Niveaus jagen, die unhaltbar und übertrieben sind.

Bullen waren in unserem Land (USA) schon immer populärer als die Bären. Schon alleine deshalb, weil Optimismus die Antriebskraft unserer Gründerväter war.

Dennoch: Ein Übermaß an Optimismus kann mehr Schaden anrichten als Pessimismus. Weil Investoren dazu tendieren, die Vorsicht über Bord zu schmeißen.

Um die Vorteile eines freien Marktes genießen zu können, muss beides vorhanden sein: Käufer und Verkäufer, Bullen und Bären. Ein Markt ohne Bären wäre wie ein Land ohne Pressefreiheit. Niemand wäre da, um falschen Optimismus zu kritisieren und einzudämmen. Optimismus, der meistens in einem Desaster endet. "

Mahnende Worte von Bernard Baruch, einem der grossen Investoren und bekannten Shorts um 1910

Wie Sie wissen, bedeutet „short" verkaufen, eine Aktie zu veräußern, die man geliehen hat und verspricht, zu einem späteren Zeitpunkt zurückzugeben. Vereinfacht gesagt, die Investoren dieser Art spekulieren auf fallende Aktienkurse. Leider ist in den meisten Ländern Europas Shortselling entweder nicht erlaubt, nur den Institutionen vorbehalten oder durch die starke Regulierung auf ein absolutes Minimum reduziert. Als Journalist bin ich davon überzeugt, dass es sinnvoll wäre, diese Anlageform für jedermann zugänglich zu machen. Dies würde einen Reinigungsprozess in Gang setzen, der etliche Finanzskandale ans Licht bringen könnte.

Wahrscheinlich würden nicht so viele europäische Investoren diese Anlageform verteufeln, wenn sie in Europa stärker verbreitet wäre. Immer wieder höre ich auf meinen Vortragstouren von Zuhörern, Shorts würden dazu missbraucht, eine Aktie mit vereinten Kräften in den Boden zu rammen. Doch das Gegenteil ist der Fall: Die meisten Leerverkäufer rufen nicht andere dazu auf, den Kandidaten ebenfalls zu shorten. Haben nämlich zu viele Anleger den gleichen Plan, könnte es einen größeren Kurseinbruch geben und der Leerverkäufer eingedeckt werden. Dann käme es zu einem so genannten „shortsqueeze". Will nämlich der Investor, der seine Aktien verliehen hat, selbst verkaufen und kann das Brokerhaus die Aktien von keinem anderen Investor auftreiben, muss der Short seine Position glattstellen und die Aktien zurückgeben.

Und nicht nur dieser Faktor spielt eine bedeutende Rolle. Da die Shorts wesentlich mehr Risiko als herkömmliche Investoren eingehen, müssen sie ihre Hausaufgaben doppelt so gut machen. Sie müssen sich hundertprozentig sicher sein, dass die gesammelten Daten und Fakten ausreichen, um einen Preisverfall einer Aktie wirklich zu untermauern. Grundlos auf einen Kursverfall zu setzen, wäre zu gefährlich und könnte nach hinten losgehen. Schließlich kann man bei dem Leerverkauf nur hundert Prozent gewinnen, aber hunderte von Prozenten verlieren – fast wie bei dem Verkauf einer Kauf- oder Verkaufsoption. Da die Effekte für Portfolios vernichtend sein können, ist diese Marktnische nichts für Amateure.

Shortseller oder in Deutsch ‚Leerverkäufer' sind meistens sehr hart arbeitende, kreative und intellektuelle Menschen, die Spaß daran haben, im Wettbewerb mit den großen „Masterminds" der Wall Street zu stehen. Sie finden es spannend, Puzzles zusammenzusetzen, die andere Investoren für frustrierend, verwirrend und unlösbar halten.

Über die Jahre habe ich diese Informanten an der Wall Street schätzen gelernt. Für mich sind diese Menschen fast eine Art Geheimpolizei der Börse. Sie sind das Salz in der Suppe des Marktes. Als Detektive der Wall Street haben sie Freude daran, dem Kaiser seine Kleider zu rauben und ein faules Imperium zum Einstürzen zu bringen.

Oftmals sind diese Menschen sehr skurrile, ungesellige Dickköpfe, die mit bissigem Humor ihr Geschäft betreiben. Ihr Zynismus ist kaum erstaunlich, wenn man weiß, dass sie die wohl meistgehassten Investoren an der Börse sind. Sie treten in der Regel eher dezent auf und eine Rolex am Arm oder sonstige Prestigeobjekte sieht man bei ihnen selten. Sie sind Heimlichtuer und Einzelgänger, die selten gemeinsame Sache machen.

DIE TAKTIKEN DES LEERVERKAUFENS

Die Shorts nutzen die abwegigsten Informationsquellen, um einen potenziellen Short-Kandidaten ausfindig zu machen. Sie reden mit jedem über alles: Mit dem Mechaniker über die Qualität von Autoreifen, mit Kindern über das gekaufte Spielzeug und mit Ärzten über die neusten Medikamente. Sie sprechen mit Brokern, Vermögensverwaltern, Fonds-Managern und Geschäftsführern über die Wettbewerber und die Zulieferer. Sie lesen hunderte von Bilanzen, Branchenmagazinen und Fachzeitungen.

Drei Faktoren machen die Shorts auf einen Kandidaten aufmerksam:

1. Das Management eines Unternehmens führt Investoren mit Fehlprognosen hinters Licht und beschönigt Ereignisse, die ihre Ertragslage belasten könnten.

2. Unternehmen, deren Aktienkurse auf einem derart immens aufgeblasenen Niveau notieren, dass sie auf eine Spekulationsblase deuten.

3. Unternehmen, die durch eine Veränderung des fundamentalen Umfelds getroffen werden könnten.

Trifft einer der oben genannten Punkte auf einen börsennotierten Wert zu, machen sich die Leerverkäufer intensiv an die Arbeit. Jetzt versuchen sie, weitere Anhaltspunkte dafür zu finden, dass es um das Unternehmen schlecht bestellt ist. Sie suchen nach:

1. Anzeichen, die darauf deuten, dass die Bilanz nicht den tatsächlichen Gesundheitszustand des Unternehmens reflektiert.

2. Zeichen, dass Insider das Unternehmen als persönliche Bank betrachten oder es selbst für notwendig halten, die Aktien zu verkaufen.

3. Ein aufgeblasenes und überbewertetes Anlagevermögen oder eine unsägliche Bilanz per se.

Die Shorts brauchen für ihre Investmententscheidung nicht nur massenweise Informationen, sondern auch jede Menge Intuition und Erfahrung. Ein Leerverkäufer muss in der Lage sein, eine Entscheidung auch ohne die komplette Information zu treffen. So deuteten die Bilanzen der Crazy Eddie Inc. auf explodierende Lagerbestände. Doch erst nach dem Kollaps sollte sich herausstellen, dass die Lagerdaten gefälscht waren.

CRAZY EDDIE: EIN ZAUBERMEISTER RÄUMT AUF!

Crazy Eddie hat seinen Spitznamen nicht zu Unrecht. Noch heute gilt der Aufstieg und Sturz seines Imperiums als Paradebeispiel dafür, warum Shorts das notwendige Übel der Wall Street sind.

Das Elektronikfachgeschäft Crazy Eddie Inc. ging im Mai 1984 an die Börse. Zunächst sah alles nach einer großen Erfolgsstory aus. Sogar Personen, die noch nie in einem dieser Geschäfte waren, kannten die Läden von Crazy Eddie aus dem Fernsehen. Dort warb Eddie höchstpersönlich für seine tollen Waren und seine günstigen Preise.

Der hohe Bekanntheitsgrad wirkte sich auch auf den Aktienkurs positiv aus. Von 4,50 Dollar im zweiten Halbjahr 1984 kletterte der Kurs bis auf 37,50 Dollar im zweiten Quartal des Jahres 1986. Zu dieser noch vermeintlich glorreichen Zeit des Unternehmens verfolgten 15 Analysten die Aktie. Über 40 Prozent der Crazy Eddie, Inc. war in institutionellem Besitz.

Unter seinen Fans galt er als eine Art Sam Walton der Elektrofachgeschäfte (Walton ist der Gründer von Wal-Mart). Ja, der gute Eddie Antar alias Crazy Eddie war ein wahrer Liebling der Analystenwelt und vermutlich auch der Familie Antar. Ganz nach dem Motto „Brot für die Antars" verteilte er die Topjobs unter seinen Verwandten. Cousin Sam Antar wurde Controller und stieg schon im zarten Alter von 29 Jahren zum Finanzvorstand auf. Bruder Mitchell war Marketingleiter und Onkel Eddie überschaute die Finanzverwaltung. Während Cousin Mort Gindi über den Ausbau der Ladenkette regierte, vertrieb sich Cousin Solomon Antar als Executive Vice President die Zeit. Am Ruder stand natürlich der damals 38-jährige Crazy Eddie Antar höchstpersönlich.

Dass die Familienmitglieder um das Wohl des anderen bedacht waren, konnte man schon im Juni 1986 bei genauer Inspektion eines Börsenprospektes erkennen. Fein säuberlich stand dort im Kleingedruckten, dass Sam und Eddie bis zu diesem Datum bereits eigene Aktien im Wert von 75 Millionen Dollar abgestoßen hatten. Ein ziemlich stattlicher Erlös, bedenkt man, dass das Unternehmen in den vorangegangenen sechs Jahren einen Nettogewinn von insgesamt nur schlappen 24,2 Millionen Dollar erzielt hatte. Und während auf der Managementebene die Champagnerkorken knallten, träumte die Analystenwelt weiter vor sich hin.

Hätten sie den Prospekt aufmerksam gelesen, wären sie dort noch auf weitere Hiobsbotschaften gestoßen. Wiederholt stand dort, dass auf der kommenden Hauptversammlung neue Arbeitsverträge für das Management beschlossen werden sollten. Eddie, der damals bereits 300.000 Dollar im Jahr verdiente, wollte eine Gehaltserhöhung. Die hatte er sich schließlich verdient und ein Manager muss doch erfolgsorientiert honoriert werden. Und Boy, Eddie war offensichtlich erfolgreich. Wie sonst ließe sich erklären, dass ihm trotz des bereits sehr üppigen Optionsplanes auf der HV weitere Optionen im Wert von einer Million Aktien zugeteilt wurden.

Aber Eddie konnte nicht genug kriegen. Ihm wurden zudem noch so genannte „stock appreciation rights" zugestanden. Wäre unter seinem Management der Aktienkurs über die 34-Dollar-Marke gestiegen, hätte ihm jeder einzelne Dollar darüber eine Bonuszahlung in Höhe von 605.000 Dollar eingebracht. Bei einem Aktienkurs von 40 Dollar hätte somit eine Bonuszahlung von rund 3,6 Millionen Dollar gewunken.

Doch die Story wird noch besser, denn der Gipfel der Dreistigkeit kommt erst noch. Vor dem Börsengang war Crazy Eddie geschäftlich mit einigen anderen Familienbetrieben eng verbunden. Die Elektronikkette kaufte Lautsprecher von Acousti-phase und Musikkassetten von Disc-0-Mat. Soweit, so normal. Doch was zum Teufel hatte ein Elektrofachgeschäft mit der Universiy of

St. Lucia School of Medicine am Hut? Wie sich herausstellen sollte, betrieb Familie Antar ein Ausbildungszentrum für Medizin auf
der schönen Karibikinsel St. Lucia.

Was 1986 noch nach einem Börsenshootingstar aussah, entpuppte sich bereits ein Jahr später als Fehlinvestition. Anfang des
Jahres 1987 verkündete das Unternehmen, die Umsätze bei Läden, die über ein Jahr geöffnet waren, seien im Dezember um
neun Prozent eingebrochen. Eddie Antar nahm seinen Hut und
resignierte.

Noch im gleichen Monat folgten weitere Schreckensmeldun-
gen. Sie kündigten vom Ende eines Betrugs, der 15 Analysten der
renommiertesten Wall-Street-Häuser an der Nase herumgeführt
hatte. Das Lieblingsdokument eines jeden Leerverkäufers wurde
veröffentlicht: Das 10Q-Dokument, ein Börsenformular, das den
Quartalsbericht des Unternehmens enthält. Es zeigte, dass die
Shorts, die auf den Niedergang des Aktienkurses gesetzt hatten,
mit ihren Vermutungen genau ins Schwarze getroffen haben.

Aus dem Dokument ging hervor, dass Lagerbestände im Vergleich zum Vorjahr um 134 Prozent explodiert waren. Das Umsatzwachstum betrug dagegen nur 42 Prozent. Eine bedenkliche
Entwicklung. Zudem lagen die Verbindlichkeiten des Unternehmens inzwischen bei 178 Millionen Dollar und sollten durch
geplante Aktienrückkäufe sogar noch weiter klettern.

Die Lage verschlechterte sich von Monat zu Monat. Am 10.
März meldet Crazy Eddie Inc. für das Quartal einen 22-prozenti-
gen Umsatzeinbruch für Läden, die länger als ein Jahr geöffnet hatten. Damit lag das Umsatzplus der Elektrokette insgesamt bei nur
noch 22 Prozent und damit weit unter den Schätzungen der
Analysten, die 50 Prozent vorausgesagt hatten. Um die Analystenwelt wieder zu beruhigen, wartete das Management mit einer wei-
teren Nachricht auf: Man wolle zukünftig auch Klimaanlagen,
Kühlschränke und Juwelen verkaufen. Damals konnten die

Investoren noch nicht wissen, dass die verkauften Klimaanlagen nicht den Bestimmungen des Bundesstaates New York entsprachen und Crazy Eddie sich deswegen eine Klage einhandeln würde.

Merkwürdigerweise ließen sich die Investoren von dieser Nachricht trotzdem nicht wirklich beruhigen. Auch die Meldung, dass man bei Crazy Eddie nun ein Betriebssystem installieren wolle, konnte den Kursrutsch der Aktie nicht stoppen. Dabei sollte das Unternehmen nun endlich einen Computer bekommen, der Umsätze und Lagerbestände verfolgte.

Im Mai 1987 gab es noch einen weiteren letztlich erfolglosen Versuch, Unternehmen und Kurs zu retten. Dieses Mal bot Eddie an, den ganzen Laden für sieben Dollar selbst zu übernehmen. Daraufhin legte sich der Sturm für kurze Zeit. Nur einen Monat später gab die Börsenaufsicht eine Untersuchung des Unternehmens bekannt. Ein anderes Börsenformular, das so genannte 10K, zeigte, dass die Chemical Bank, heute Chase Manhattan Bank, einen 52-Millionen-Dollar-Kreditrahmen gekündigt hatte. Außerdem brachten die Dokumente hervor, dass sich Eddie im September 1986 eine hundertprozentige Gehaltserhöhung gegönnt hatte und diese monatliche Zahlung trotz seines Abdankens im Januar noch regelmäßig kassierte. So möchte auch ich mal rausgeschmissen werden! Trotz des großen Geldsegens sah sich Eddie jedoch nicht weiter in der Lage, seine im Mai angebotene Übernahme auch umzusetzen. Die liquiden Mittel würden nicht ausreichen, ließ er verkünden. Wieder schwiegen die Analysten an der Wall Street. Und dennoch: Keiner wollte die Aktie kaufen.

Bei einem Kurs von 3,50 Dollar wurde das Management neu besetzt, dieses Mal mit familienexternen Mitgliedern. Was die rausfinden sollten, bereitete den Shorts die größte Freude. Bingo! Die Betrugsthese wurde endgültig bestätigt.

Das neue Management musste nach einer Überprüfung der Lagerbestände feststellen, dass der Warenwert statt der angegebenen 127 Millionen Dollar nur 75 Millionen Dollar betrug. Eddie wurde vorgeworfen, Lagerbestände, Umsätze und Ertragsmeldungen manipuliert zu haben. Dokumente wurden zerstört, um den tatsächlichen Wert des Unternehmens und der Aktie zu verschleiern! Die Corporation musste letztendlich im Juni 1989 den Bankrott verkünden. Eddie stellte sich im Februar 1990 den U. S. Marshalls und wanderte hinter schwedische Gardinen.

WARUM ANALYSTEN LANGE ZEIT IM DUNKELN STANDEN!

Nun stellen Sie sich vielleicht die Frage, warum die Analysten an der Wall Street den Braten nicht vorher gerochen haben, während die Shorts doch offensichtlich davon wussten? Zum einen sind sie sicherlich deshalb nicht aufgewacht, weil die Branche insgesamt zu diesem Zeitpunkt in Mode war. Die Verkäufe von Videorekordern stiegen 1984 um 86 Prozent und 1985 um 56 Prozent. Fernseher und Videorekorder machten 53 Prozent von Crazy Eddies Umsätzen aus. Analysten hatten sich ausgerechnet, dass jeder Besitzer eines Videorekorders sich demnächst ein besseres Modell oder ein Zweitgerät anschaffen würde. CD-Spieler kamen damals gerade auf den Markt und auch von ihnen erhoffte man sich tolle Margen. Besonders auffällig beim Lesen der vielen Analystenkommentare war eines: Die meisten lobten die Art und Weise des Geschäftsbetriebs. Ersparen Sie mir die Nennung der Brokerhäuser, die Namensliste würde Sie nur schocken. Einen besonders unterhaltsamen Auszug aus einem Kommentar von Morgan Stanley auf den Rücktritt von Eddie Antar will ich Ihnen jedoch nicht vorenthalten: „Wir gehen davon aus, dass die sehr fähigen Executives (Mitchell Antar und Sam Antar) die Fußstapfen des CEOs weiterverfolgen und die Unternehmensexpansion vorantreiben werden."

DIE DREI FEHLER DER SHORTS

• *Zu wenig Recherche*

Der erste und größte Fehler, den Shorts und Käufer herkömmlicher Aktien begehen können, ist, zu wenig zu recherchieren. Vor allem angesichts der hohen Risiken des Leerverkaufens kann dieser Fehler verheerend sein. Nur auf die Aktienidee eines anderen zu hören, ohne selbst den Wert auf Herz und Nieren zu überprüfen, geht oft ins Auge. Läuft der Wert dann gegen einen, entscheidet man sich vielleicht sogar vor lauter Panik zum falschen Zeitpunkt, die Position wieder zu schließen.

• *Falscher Stolz*

Der zweite Fehler, den Investoren begehen können, ist falscher Stolz. Er ist mindestens so gefährlich wie zu wenig Recherche. Wie die meisten Großverdiener an der Wall Street sind auch die Shorts ziemliche Primadonnen. Doch im Gegensatz zu den Portfolio- und Fonds-Managern, die bei Fehlern das Geld anderer verlieren, müssen Shorts für ihre Versäumnisse selbst gerade stehen.

Häufig verwenden Leerverkäufer die gleichen Formeln und Bewertungsmethoden wie die Wall-Street-Analysten – ein Irrtum, denn dadurch können sie Situationen nicht aus einem anderen Blickwinkel betrachten. Wenn neun Internetwerte aus den gleichen Gründen Pleite machen, shorten sie den zehnten. Und genau dieser Wert rutscht dann häufig nicht planmäßig in den Keller, sondern zählt zu den Gewinnern.

Noch schmerzhafter ist der Fehler, die Aktie eines gesunden und guten Unternehmens zu shorten. An dieser Stelle wird übrigens noch mal klar, warum sich Shorts nicht einfach zusammentun, um grundlos einen Wert in den Boden zu stampfen. Ein gutes Unternehmen zu shorten kommt dem Harakiri gleich.

Denn ein gutes Unternehmen ist eine Firma mit cleverem Management, das aufmerksam die Branchentrends verfolgt und seinen Kunden zuhört. Die Bilanzen reflektieren den tatsächlichen Wert des Unternehmens.

Wer sich gegen eine solche Aktie stellt, wird meistens in seine Schranken verwiesen. Früher oder später strotzen die Aktien mit neuen Rekord-KGVs und den Shorts geht die Luft aus. Wird die Aktie wegen kurzfristiger Probleme leerverkauft und ist das Management gut, kann das Problem auch schnell wieder repariert werden. Routinierte Leerverkäufer schlagen erst dann zu, wenn sie sicher sind, dass massive Kursverluste drohen. Aufgrund des hohen Risikos lohnt es sich nicht, für nur 20 oder 25 Prozent Kursverlust einen Wert zu shorten.

• *Falsches Timing*

Das Problem mit dem Timing ist das wirklich größte Argument, weshalb kleinere Privatinvestoren die Finger von Leerverkäufen lassen sollten. Der Zeitfaktor stellt das Verhältnis von Chance zu Risiko auf den Kopf. Investoren sollten sich lieber darauf konzentrieren, diszipliniert Aktien zu kaufen oder zu verkaufen.

Das Timing beim Shorten ist vor allem aufgrund eines Faktors extrem schwierig: der Größenwahn des Investors! Wie an anderer Stelle schon erwähnt, muss eine Rally noch lange nicht zu Ende sein, nur weil ein Aktienmarkt übertrieben teuer ist. So hat der stetige Aufwärtstrend des Bullenmarktes in den 90er Jahren dementsprechend viele Shorts ausradiert. Die Ignoranz und Hoffnung der Investoren können Aktienkurse über einen langen Zeitraum hochhalten – ob die Ergebnisse nun stimmen oder nicht. Das gilt selbst für den Fall, dass ein Unternehmen noch gar kein Produkt anbietet.

Die Fähigkeit von Investment-Bankern, trotz der größten Finanzprobleme eines Unternehmens immer wieder neue Finanzierungsquellen zu öffnen, kann den schwächsten Kandidaten noch über Jahre am Tropf gesund halten. Ganz nach dem Motto: Operation gelungen, Patient tot!

UNGELIEBTE TECHNOLOGIEWERTE

Viele Shorts meiden Technologiewerte wie der Teufel das Weihwasser. Bei diesen Werten können herkömmliche Bewertungsmethoden nicht treffsicher genug angewandt werden. Im Gegensatz zu vielen anderen Bereichen müssen beispielsweise steigende Lagerbestände kein Warnzeichen sein. Manchmal steigen Lagerbestände nur deshalb, weil Verbraucher die Einführung eines neuen, schnelleren Produktes abwarten und deshalb Käufe zurückstellen. Auch die verschiedenen Formen der Einnahmequellen machen den Shorts das Leben schwer. Gewinnmargen können mit den Produktzyklen oder Preiskurven unerwartet steigen oder fallen. Oft habe ich in den letzten Jahren in Telefonaten Shorts wegen ihrer tiefen Hightech-Wunden trösten müssen. Ob bei America Online, Yahoo! oder Dell Computer – die Rally dieser Aktien hat vielen Leerverkäufern kräftig das Fell versengt.

EIN BLICK IN DIE GESCHICHTE

Die Kunst des Leerverkaufens reicht bis zu den ersten organisierten Börsen zurück. Der Ursprung wurde bereits um 1610 in Holland gelegt. An den Börsen von Amsterdam wurden damals Aktiengesellschaften gegründet, die die Finanzierung von Unternehmen wie der Dutch East India Company sicherstellen sollten.

So viele Leute investierten blindlings in diese und andere Werte, dass eine Spekulationsblase entstand. Diese so genannte Südseeblase platzte jedoch bald und daraufhin brachen auch die Aktienkurse der Dutch East India Company zusammen. Schuld, so ließ das Management verlauten, seien die Leerverkäufer gewesen. Die Manager verfassten ein Memorandum an die Regierung: „Bear Attacs", wie man schon damals die Angriffe der Leerverkäufer nannte, fügten „unschuldigen Aktionären, unter ihnen Witwen und Findelkinder, einen unermesslichen Schaden zu". Doch die Vertreter der Börse von Amsterdam sahen die Situation etwas anders. „Die Kurseinbrüche wurden durch ein nicht zufriedenstellendes Geschäftsklima ausgelöst und selbst das derzeitige Kursniveau scheint zu hoch." Dennoch wurde im Februar 1610 ein Gesetz erlassen, das den Leerverkauf von Aktien untersagte. Ein Gesetz, das wohlgemerkt nie beachtet und später widerrufen wurde.

Holland blieb nicht lange vor Spekulationsblasen verschont. In den Jahren 1634 bis 1637 kam es zu einer regelrechten Tulpen-Manie. Der Handel von Future-Kontrakten auf die Zwiebeln wurde derart rege, dass ab einem gewissen Zeitpunkt mehr davon gehandelt wurden, als tatsächlich existierten. Als die Blase zerbarst, mussten zahlreiche Trades als nichtig erklärt werden und die Shorts sich mit den Käufern einigen.

Auch in England wurden am Ende der meisten Finanzblasen die Leerverkäufer zu den Buhmännern. Auch dort gab es eine Südsee-Blase, allerdings um 1734 herum. Daraufhin wurde das Shortselling bis 1860 verboten. Nach dem Bankenkollaps im Jahr 1866 mussten die Shortseller dann wieder als Sündenbock herhalten.

STARS

• *Jesse Livermore*

Zu den wohl berühmtesten Shorts gehört ohne Frage der legendäre Jesse Livermore. Er verdiente sich durch das Leerverkaufen von Aktien zu Beginn des 19. Jahrhunderts das Image des „Königs der Bären". 1906 soll er ein Vermögen mit den Aktien der Eisenbahngesellschaft Union Pacific gemacht haben. Livermore shortete die Aktie nur einen Tag vor dem großen Erdbeben in San Francisco. 1907 shortete Livermore während einer Korrektur des Aktienmarkts in einem derartigen Ausmaß, dass ihn J. P. Morgan persönlich bitten musste, die Verkäufe einzustellen. Livermore hätte den gesamten US-Aktienmarkt zum Kollaps bringen können. Der Short stellte aber nicht aus reiner Nächstenliebe die Verkäufe ein, vielmehr war ihm bewusst, dass auch seine Gewinne flöten gegangen wären, wenn er die Brokerhäuser in den endgültigen Bankrott getrieben hätte. Immerhin konnte er an seinem Wall-Street-Bombardement trotzdem noch stolze 3 Millionen Dollar verdienen. 1915 ereilte ihn selbst der Ruin. Doch wenige Zeit später stand er wieder wie ein Phoenix aus der Asche auf. Mit geliehenem Geld gelangte er erneut zu Wohlstand.

Doch nachdem er zum wiederholten Mal auch 1923 und 1924 mit Leerverkäufen auf die falsche Seite setzte, verließ er den Aktienmarkt, um mit Rohstoffen sein Glück zu versuchen. Erst kurz vor dem Crash 1929 zog Livermore wieder an der Wall Street ein. Dieses Mal setzte er jedoch auf steigende Aktienkurse – zu früh, wie sich später herausstellen sollte. Wieder verlor er die mühsam erspekulierten Millionen. Danach kam Livermore niemals mehr auf den grünen Zweig. Seine Erfolge der Vergangenheit verblassten und 1940 erschoss er sich in einem New Yorker Hotel.

- *Bernard Baruch*

Auch wenn Baruch den großen Crash von 1929 als Short nicht vorausahnte, gilt er als einer der Altmeister des Shortselling.

In seinem Buch „My Own Story" berichtet Baruch über seinen ersten großen Coup als Short, den er mit Brooklyn Rapid Transit landete. Gouverneur Roswell P. Flower galt zu Beginn des 20. Jahrhunderts als ein Meister in Turnaround-Fragen. Hatte ein Unternehmen Schwierigkeiten, würde Flower es schon wieder richten. Und so wurde er dann auch zur Rettung der Brooklyn Rapid Transit Company gerufen. Zunächst sah alles nach einer erfolgreichen Rettung aus. Kaum hatte Flower den Posten eingenommen, wurden steigende Umsätze verkündet. Mit den steigenden Umsätzen kletterte auch der Aktienkurs. „Die Aktien werden auf 75 Dollar, dann sogar bis 125 Dollar explodieren", jubelte der Gouverneur. Gesagt, getan. Der Aktienkurs kletterte von 20 Dollar bis auf 137 Dollar. Baruch kam die ganze Geschichte etwas zu sehr wie aus dem Bilderbuch vor. „Die Bilanzen sahen nicht so glatt aus, wie sie eigentlich hätten aussehen sollen", fiel ihm auf. Irgendetwas stimmte nicht. Kurz darauf kursierte das Gerücht, dass Flower schwer erkrankt sei. Die Presse dementierte es, doch Flower segnete kurze Zeit später tatsächlich das Zeitliche. Die Aktie kollabierte, wurde jedoch durch Investmentpools von namhaften Familien wie J. P. Morgan, den Vanderbilts oder John D. Rockefeller gestützt. Doch kaum stand der Wert wieder bei 115 Dollar, versickerten auch diese Stützungskäufe. Darauf folgte ein monatelanger Kursrutsch. Baruch brachte die für damalige Verhältnisse gigantische Summe von 60.000 Dollar ein.

Baruch gilt unter den Shorts nicht umsonst als einer der Meister. Er beachtete alle Regeln der Kunst. Zuerst analysierte er die Finanzen auf Leib und Seele. Konnte er dabei einen Wall-Street-Hype erkennen, wartete er geduldig auf den auslösenden Faktor für einen Kurskollaps.

Baruch war nicht nur ein Meister, was Aktien betrifft, auch auf dem Parkett der Rohstoffe bewegte er sich mit großem Erfolg. 1901 versuchte die Amalgamated Copper Company, den Markt für Kupfer zu kontrollieren. Die Firma kalkulierte, dass eine marktbeherrschende Position ihr ermöglichen würde, das Angebot künstlich zu verknappen und die Preise durch die Decke zu jagen. Die Hoffnung auf höhere Kupferpreise trieb auch prompt den Aktienkurs in die Höhe. Von 130 Dollar auf 150 Dollar, später sogar bis auf 200 Dollar. Doch Baruch erfuhr von einem Kaffeehändler, dass der Versuch von Amalgamated wohl fehlschlagen würde. Zwar könnte die Firma den Markt kontrollieren, doch die höheren Preise würden zu einem Rückgang der Kupfernachfrage führen. Das Ende steigender Kupferpreise sei damit so sicher wie das Amen in der Kirche. Baruch begann, den Titel dauerhaft zu shorten, und bekam Recht. Die Rechnung der Copper Company ging nicht auf und die Aktie kollabierte.

Ihm wurde später vorgeworfen, durch das Leerverkaufen ein gesundes Unternehmen zerstört zu haben. In seiner Autobiographie entgegnet er: „Was die Kupferaktie zum Einsturz brachte, waren die unausweichlichen Kräfte und Gesetze der Konjunktur, wieder ein angemessenes Kursniveau zu finden [...] Trotz aller Attacken blieb ich still und wartete. Sollte ich Recht haben, würde ich gewinnen." Er behielt Recht und kassierte auf diesem Weg rund 700.000 Dollar.

Den schwarzen Donnerstag des Crashs von 1929 sah er jedoch nicht voraus. Er deckte seine Positionen am vorhergehenden Montag ein und gehörte damit zu den Verlierern des Crashs. Man spekuliert, dass der Markteinbruch Baruch rund sechs Millionen Dollar kostete. Dennoch dürfte er um 1931 immerhin noch über ein Vermögen von 16 Millionen Dollar verfügt haben.

Zehn

DAYTRADER

ODER

SPIEL MIR DAS LIED VOM TOD

Die Fähigkeit vorauszusehen, dass gewisse
Dinge nicht voraussehbar sind, ist von ent-
scheidender Bedeutung
JEAN JACQUES ROUSSEAU

*d*er Trend zum Daytrading schwappt langsam von den USA nach Deutschland. Früher konnten nur Profis auf Kursinformationen in Echtzeit zugreifen und nur sie konnten Orders direkt platzieren. Heute stehen diese Möglichkeiten jedermann offen. Die Transaktionskosten für Privatanleger sinken und die Ausführung der Wertpapieraufträge erfolgt immer schneller. In Minuten und Sekunden erhalten sie elektronische Rückmeldung, zu welchem Kurs ihre Orders ausgeführt wurden. Damit sind alle Voraussetzungen geschaffen, damit auch Privatinvestoren kurzfristige Kursschwankungen von Aktien ausnutzen können.

Das Konzept der Daytrader ist einfach: „Kaufe am Morgen die Aktien, die über Tag am meisten steigen werden, und verkaufe am Nachmittag mit Gewinn." Klingt irgendwie ganz simpel. Daytrading kann theoretisch, wenn konsequent betrieben, zu riesigen Gewinnen führen. Das Problem an der Sache ist nur, dass das Prinzip des Daytrading der menschlichen Natur widerspricht.

Viele der Trader, die versuchen, das schnelle Geld mit Aktien zu machen, spekulieren auf Kredit. Weil sie aber das Kapital nur kurzfristig leihen können, müssen sie ihre Papiere oft noch am selben Tag wieder verkaufen.

Solange die Kurse in die richtige Richtung laufen, ist das durchaus eine Strategie, die sich bezahlt machen kann. Dann kann man mit Gewinn verkaufen, gibt das geliehene Geld zurück und streicht selbst den Kursgewinn ein. Klingt richtig gut. Die Sache hat allerdings einen Haken. Geht ein Trade schief, müssen Sie den Verlust in Kauf nehmen. Im schlimmsten Fall können Sie nur einen Teil des Kredits zurückzahlen, mit dem das hochriskante Geschäft finanziert war. Wer zu oft danebengreift, hat schnell eine ganze Menge Schulden angesammelt.

Das System kann nur dann funktionieren, wenn Sie bereit sind, Verluste genauso konsequent oder sogar noch konsequenter zu realisieren wie Gewinne. Das heißt, haben Sie danebengegriffen und fünf Prozent Verlust im Laufe des Tages eingefahren, müssen Sie die Papiere genau so verkaufen, wie Sie es tun würden, wenn Sie einen Gewinn erzielt hätten.

An diesem Punkt spielen den meisten Daytradern aber die Emotionen einen Streich. In der Hoffnung auf steigende Kurse am nächsten Tag, gestehen sie sich ihren Fehler bei der Auswahl der Aktien nicht ein, sondern hoffen darauf, dass sich ihr Gefühl am nächsten Tag doch bestätigen wird. Dadurch vergrößern sie ihren Verlust aber nur noch weiter. Als Daytrader kann also erfolgreich sein, wer seine Emotionen perfekt unter Kontrolle hat. Und seien Sie ehrlich zu sich selbst. Können Sie Ihre Emotionen immer unter Kontrolle halten? Nach amerikanischen Studien haben 70 Prozent der Daytrader in den USA keinen Erfolg und enden auf Dauer in der Pleite.

Gewinne mit Daytrading können Sie erzielen, wenn Sie eine maximale Kursveränderung als Zielkorridor festlegen. Ein solcher Korridor könnte bei einer Kursschwankung von fünf Prozent liegen. Verändert sich der Kurs einer Aktie im Laufe eines Tages um diesen Prozentsatz – egal in welche Richtung – wird die Aktie verkauft. Gelingt es dem Trader dann, mehr Geschäfte mit Gewinn als mit Verlust abzuschließen, wird er auf Dauer Geld verdienen. Lässt er aber Verluste laufen, in der Hoffnung, am Ende doch wieder Gewinne erzielen zu können, ist das sein sicherer Bankrott. Da viele Trader es sich nicht leisten können, ihre Positionen über Nacht zu halten, müssen sie am Ende des Tages mit noch größeren Verlusten verkaufen. Haben sie dann aber Gewinne tatsächlich bei der Zielmarke von fünf Prozent glattgestellt, ist die Chance, per Saldo einen Gesamtgewinn zu erzielen, gleich null. Auch beim Daytrading gilt die alte Börsenregel: Verluste begrenzen, Gewinne laufen lassen.

Zu dem psychologischen Haken des Daytrading-Konzepts haben Sie zusätzlich das Problem, die Aktien ausfindig zu machen, die sich im Laufe des Tages am stärksten nach oben bewegen werden. In einem absoluten Bullenmarkt haben Sie eine gute Chance, Aktien zu finden, die im Lauf eines Tages stark genug steigen. Richtig schwierig wird es, wenn das Konzept auch in einer Phase funktionieren soll, in der die Kurse sich nicht mehr gleichmäßig nach oben bewegen.

Wie ich bereits weiter vorn beschrieben habe, werden die Börsenkurse von unzähligen Faktoren beeinflusst. Die meisten dieser Einflüsse sind nicht einmal rational zu begründen. Die Kurse werden durch die Reaktionen, Ängste und Hoffungen der Börsenteilnehmer bestimmt. Diese Marktreaktionen lassen sich vielleicht auf einen längeren Zeitraum ganz gut voraussagen. Wer seine Minuten-Trades nur auf Computerprogramme richtet, wird sich – wie mit dem Glückspfennig – schnell ein blaues Auge holen.

Für mich ist Daytrading eines der vielen schönen Konzepte, die zwar in der Theorie hervorragend funktionieren, aber einen kleinen Fehler haben: Sie vergessen den großen Einflussfaktor Mensch in dem theoretischen Modell. Um wirklich erfolgreich zu sein, müsste ein Daytrader nicht nur ein hervorragender Börsenkenner sein, sondern gleichzeitig auch noch seine Trading-Strategie absolut konsequent verfolgen. Dabei dürfte er sich auch nicht von seinen Emotionen und Ängsten leiten lassen. Eine schwierige Sache: Der Trader muss die Emotionen und Ängste des Marktes und der anderen Börsenteilnehmer sehr genau kennen und abschätzen können und gleichzeitig seine eigenen Ängste und Hoffnungen beiseite schieben. Eine fast unmögliche Aufgabe. Damit ist das System zum Scheitern verurteilt.

Sie sehen, Daytrading kann nur funktionieren, wenn es Ihnen gelingt, sich von allen Emotionen frei zu machen und absolut konsequent die einmal gesteckte Strategie zu verfolgen. Ich selbst kenne wenige Menschen, die das können. Und nur diese wenigen Leute haben überhaupt eine Chance, mit Daytrading wirklich Geld zu verdienen. Wer das nicht kann, und das sind mehr als 90 Prozent der Trader, sollte die Finger davonlassen. Anstatt des erhofften schnellen Vermögens lauert hier für diese Anleger oder besser gesagt Zocker der schnelle Ruin.

Übrigens hat das Phänomen Daytrading in Amerika schon beachtliche Ausmaße angenommen. Besonders an der Nasdaq tummeln sich viele Daytrader. Das Ergebnis können Sie an hektischen Handelstagen live verfolgen. Gegen Abend gehen die Kurse an manchen Tagen ohne besonderen Grund noch einmal sichtbar nach unten. Daytrader, die sich unter Tag mit Aktien eingedeckt haben, lösen ihre Positionen auf, weil sie nicht über das nötige Geld verfügen, um die Aktien bis zum nächsten Tag zu behalten.

Elf

GERÜCHTE:
WER'S GLAUBT, WIRD SELIG!

Wo Nachrichten fehlen, wachsen Gerüchte
ALBERTO MORAVIA

*V*ielleicht sind Sie auch schon mal einem Börsen-Gerücht aufgesessen. Vermeintliche Insidertipps hört man schließlich überall – sei es in Internet News Groups oder in der Kneipe. Doch seien Sie vorsichtig: „Wake up and smell the coffee". Oftmals sind Gerüchte frei erfunden oder der Zug ist längst abgefahren, wenn die Geschichte Sie erreicht.

Ja aber, die Spekulation hörte sich so wahr an? Das ist ja Sinn der Sache, oder? Was würden schon Gerüchte bringen, die zu Beginn schon den Anschein eines Hirngespinstes haben. Vor Jahren, damals war ich noch in Deutschland, sprach ich mit einer Investorin, die einem eigentlich unglaublichen Gerücht aufgesessen war. Ein Telefonverkäufer hatte ihr weisgemacht, Südafrika plane, einen Teil der Diamantenminen zu überfluten, um die Diamantenpreise anzufachen. Er überzeugte die Dame davon, dass es eine einmalige Chance sei, bei den Aktien der Minengesellschaft XY vorher billig einzusteigen.

Im Dunstfeld der Börse tummeln sich viele unseriöse Geschäftemacher. Die meisten Menschen haben gegen einen guten Verkäufer kaum eine Chance. Seien Sie also auf der Hut und überprüfen Sie die Seriosität des Gegenübers. In den USA können Sie bei der NASD, der National Association of Securities Dealers, kostenlos und jederzeit Vorstrafenregister, Strafzahlungen und Prozesse aller Broker und Brokerhäuser abrufen.

Auch ich bin schon häufig Gerüchten auf den Leim gegangen – vor allem solchen, die sich um Pennystocks rankten, das heißt um Aktien, die unter fünf Doller notierten. Ich habe Aktien einer Pharmafirma gekauft, deren neues Medikament angeblich kurz vor der Zulassung stand. Ich setzte auch auf Unternehmen, von denen ich gehört hatte, dass ihre Quartalszahlen explodieren würden, oder von denen ich ganz genau zu wissen glaubte, sie würden demnächst fusionieren. Und dann wartete ich. Eine Woche, einen Monat, manchmal ein Jahr. Doch nie traf das prognostizierte Ereignis ein. Stattdessen purzelten die Kurse meiner Hoffnungsträger. Dabei war ich mir jedes Mal sicher gewesen, mich auf eine zuverlässige Quelle zu stützen.

Wer schmerzliche Erfahrungen gesammelt hat, weiß, wie man Gerüchte nehmen muss: Auf keinen Fall zu ernst. Die Kaufentscheidung für eine Aktie sollte auf anderen Faktoren basieren. So sollte die Bilanz des Unternehmens auf jeden Fall stimmen und die Analysten dürfen mit der Aktie nicht auf Kriegsfuß stehen. Andernfalls lässt man besser die Finger von dem Wert.

Vor einigen Jahren wurde an der Wall Street spekuliert, dass der Funktelefon- und Chipproduzent Motorola an dem Kauf des Chipherstellers Advanced Micro Devices (AMD) Interesse habe. Eine Übernahme hätte für beide Seiten große Vorteile gehabt. Während Motorola über einen bei Verbrauchern bekannten Markenname und reichlich Bargeld verfügte, besaß AMD das notwendige Know-how, um leistungsfähige Chips zu produzieren. Wäre eine Fusion zustande gekommen, könnte man heute auf vielen

PCs vielleicht neben „Intel Inside" auch „Motorola Inside" finden. Gemeinsam hätte man dem Weltmarktführer Intel besser Paroli bieten können.

Doch bekanntlich fand eine Fusion der beiden Unternehmen nicht statt. Eine Aktie nur auf Gerüchte hin zu kaufen, kann ins Auge gehen, in diesem speziellen Fall wäre der Kauf jedoch kein Fehler gewesen, denn das fundamentale Umfeld der Unternehmen stimmte. AMD hat mittlerweile Intel in einigen Marktsegmenten den Rang abgelaufen und Motorola konnte wiederum die Marktstellung im Mobilfunk – und bedingt auch im Chipbereich – stärken. Die Gerüchte waren also nur die Sahnehaube auf einem ohnehin schmackhaften Kuchen.

Schmeckt der Kuchen nicht, das heißt, die Fundamentaldaten stimmen nicht, dann ist das Sahnehäubchen nichts wert. Tatsache ist, dass die meisten Gerüchte oftmals Windeier sind und dem Investor nur Verluste bescheren. Es gibt noch einen gewichtigen Grund, warum man Gerüchte überhören sollte: die SEC, die amerikanische Börsenaufsicht. Wer in den USA an ein wahres Gerücht kommt und es zu eigenen oder anderen Gunsten verwendet, macht einen großen Fehler. Ärger mit der schlagkräftigen und effizienten SEC ist vorprogrammiert. Vor allem bei Übernahmen beobachtet die Aufsichtsbehörde jede ungewöhnliche Kursveränderung und nimmt alle von der Historie abweichenden Handelsvolumina unter die Lupe. Ein besonderes Augenmerk legt sie dabei auf den Handel von Optionen.

Ein Paradebeispiel für die Arbeit der SEC ist die Übernahme der Softwareschmiede Lotus Developments durch IBM im Juni 1995. Einen Tag nach der Bekanntgabe leitete die Börsenaufsicht eine Untersuchung ein. Sie hatte registriert, dass zwei Handelstage vor der Meldung besonders viele Aktien und Optionen von Lotus den Besitzer wechselten.

Das typische Handelsvolumen der Lotus-Aktie an der Nasdaq

lag um eine Million Stück. Am Donnerstag vor der Bekanntgabe stieg der Aktienumschlag von Lotus plötzlich auf fast 3 Millionen. Am Freitag wurden insgesamt 4,25 Millionen Aktien gehandelt – der Kurs schloss bei 32,50 Dollar. Ein derart reger Handel ließ darauf schließen, dass jemand von der Fusion im Vorfeld informiert war und versuchte, von seinem Wissen zu profitieren.

Der Tag der Abrechnung nahte: Die Eröffnungsglocke an der NYSE läutete eine neue Woche ein. Bingo. IBM verkündet eine feindliche Übernahme. Das Abfindungsangebot: 60 Dollar! Wer auf diese Aktie gesetzt hatte, muss sich riesig gefreut haben. An die SEC hat er dabei bestimmt nicht gedacht.

FRÜHSTÜCK MIT BÖSEN FOLGEN: DER FALL IBM/LOTUS

Alles begann wie ein ganz normaler Tag. Wie jeden Morgen klopft es auch an diesem Donnerstag, dem 2. Juni 1995, an die Praxistür des Gynäkologen Gary Spierer. Vor der Tür steht wie immer um diese Zeit Peter G. Mazzone, Besitzer des Camelot Super Delis auf Staten Island und liefert Spierer das Frühstück. Bei ihrem täglichen Schwatz gibt der Delibesitzer dem Frauenarzt einen Tipp. Mazzone erzählt, dass IBM plane, kommenden Montag Lotus zu übernehmen.

Spierer zögert nicht lange: Kaum ist Mazzone weg, greift er zum Telefon und ordert für 4.125 Dollar Kaufoptionen auf Lotus. Drei Tage später ist dieses Investment 56.500 Dollar wert.

Wenige Wochen später meldet sich die SEC bei Dr. Spierer. Der streitet zunächst alles ab, was ihm jedoch nur zusätzlich schadet. Wegen Falschaussage und Insidergeschäften muss er schließlich 200.000 Dollar Strafe bezahlen. Er kann so immerhin eine Zivilklage abwenden. Wirklich hart trifft es jedoch Peter Mazzone, der ein halbes Jahr ins Gefängnis musste.

Es ist gut möglich, dass Spierer nicht wusste, wo der Tipp wirklich herkam. Wer hätte auch gedacht, dass ein Delibesitzer als einer der ersten über die IBM/Lotus Übernahme Bescheid weiß. Mazzone hatte den heißen Tipp über zwei Ecken direkt von der IBM-Sekretärin Lorraine Cassano. Ein klarer Verstoß gegen die Insiderregeln. Lorraine erfuhr das erste Mal von dem geplanten Kauf beim Kopieren. Sie vervielfältigte Dokumente, aus denen hervorging, dass das Management einer Übernahme zugestimmt hatte.

Die Nachricht verbreitete sich wie ein Lauffeuer. Dabei hatte Lorraine nur ihrem Ehemann davon erzählt. Dieser verriet das Geheimnis wiederum zwei Bekannten. Auch die informierten anschließend Freunde und Bekannte. Die SEC vermutet, dass innerhalb von nur sechs Stunden 31 Personen über das Übernahmeangebot im Bilde waren. Die SEC verklagte 25 der 31 Personen wegen Insiderhandel auf insgesamt 1,3 Millionen Dollar. Einige der Verurteilten hatten zuvor noch nie ein Wertpapier gezeichnet.

Peter Mazzone hatte seinen Tipp von Cousin Gerard, einem Freund von Lorraines Ehemann Robert Cassano. Und via Mazzone landete das Gerücht bei dem Arzt Gary Spierer und dem Eierlieferanten Isaac Lederman. Von Isaac wanderte es zu dessen Bruder Gary, einem Wertpapierberater bei einem kleinen Brokerhaus.

Auch wenn Spierer oder Mazzone keinen direkten Kontakt zu Lorraine hatten – die Tatsache, dass die genutzte Quelle direkt aus dem Unternehmen kam, machte die beiden zu Insidern und damit strafbar. Wer also glaubt, nur einem harmlosen Tipp zu folgen, kann in den USA erstaunlich schnell hinter Gittern landen.

Wie ein Bluthund jagt die SEC der kleinsten Spur nach, überprüft Telefonnummern, sucht Zeugen. In dem Insiderfall IBM/Lotus wurden unter anderem ein Lehrer, ein Anwalt, zwei Banker und ein Lebensmittelverkäufer in die Mangel genommen.

Verbreitung der Insiderinformation

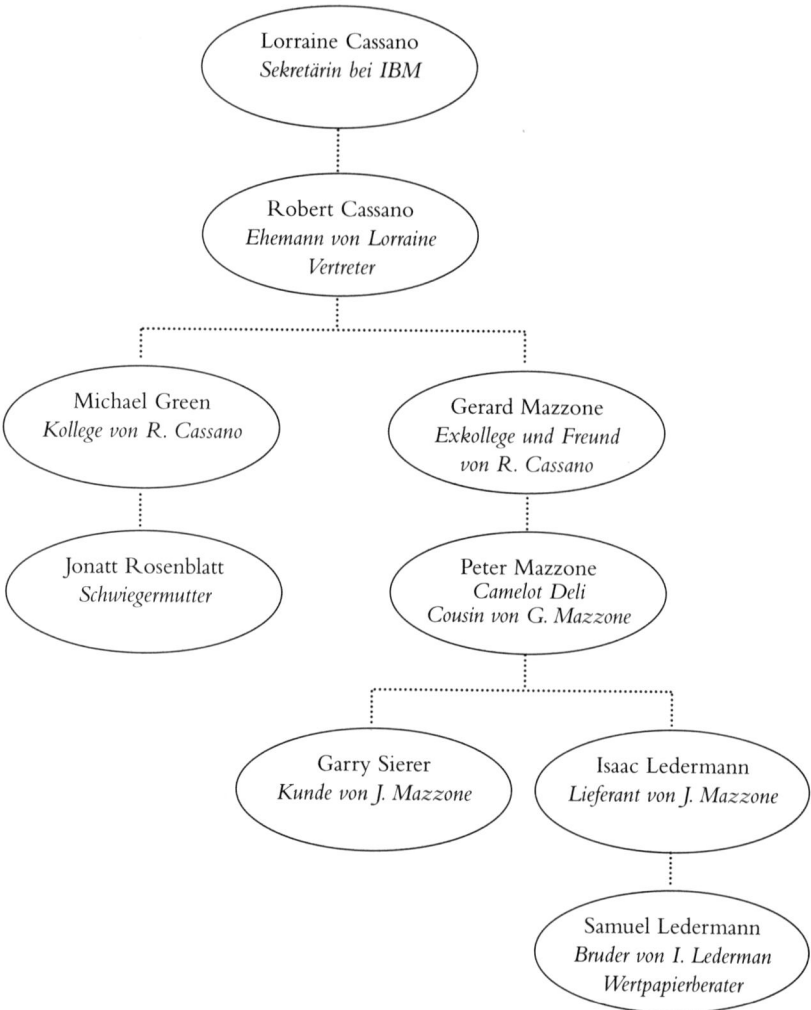

TRAUE KEINEM – NICHT MAL DEINEM PSYCHOLOGEN!

Auch Joan Weill musste erfahren, dass die SEC alle Wege geht, um ans Ziel zu kommen. Anscheinend beschwerte sich seine Frau auf der Couch ihres Psychologen Robert Willis über mangelnde Aufmerksamkeit von Seiten des Gatten. Ehemann Sandy Weill, damals noch Vorstand des Brokerhauses Shearson Loeb Rhoades, war offensichtlich schwer damit beschäftigt, Übernahmegespräche mit American Express zu führen. Kaum war die Patientin aus der Praxis, kaufte der Psychologe wie ein Verrückter Aktien. Die SEC erwischte Willis und reichte Klage ein. Sie war allerdings recht gnädig mit ihm: Er musste lediglich seinen Gewinn abgeben und eine Strafe von 27.000 Dollar zahlen. Sandy Weills Karriere hat die Geschichte offensichtlich nicht geschadet. Bekanntlich ist er mittlerweile CEO und Chairman der Citigroup.

Die SEC ist ein wesentlicher Schlüssel zum Erfolg des Finanzplatzes New York. Ihr gelingt es, das Finanzsystem zu überwachen, ohne es in seiner Flexibilität zu beschneiden. Wie notwendig eine Überwachung ist, zeigt die sehr lange Historie von Verstößen.

Schon 1609 versuchte der flämische Kaufmann Isaac Le Maire, die Aktien der East India Company durch einen „Bear Raid" an der Börse zum Einbruch zu bringen. Dabei handelte es sich um ein Überraschungsmanöver, bei dem man bestrebt war, durch aggressive Aktienverkäufe den Kurs in den Keller zu drücken. Le Maire kannte die Handelsgesellschaft gut, war er doch selbst in der Gründungsphase dort tätig. Noch aus den damaligen Zeiten verband ihn eine tiefe Freundschaft mit dem dortigen Schatzmeister. Le Maire, dem aus dieser Quelle Insiderinformationen zugesteckt wurden, shortete die Aktie in der Hoffnung, einen schnellen Spekulationsgewinn einfahren zu können. Er musste mit den Insiderinfos des Schatzmeisters sein Glück probieren, schließlich hatte er 24 Kinder zu füttern. Der Manipulationsversuch misslang aber und ging als einer der ersten Fälle von Insider Trading in die Geschichte ein.

Sie sehen, die Überwachung der Märkte ist genauso alt wie die Börse selbst. Und genauso lange versuchen immer wieder Marktteilnehmer, die Regeln zu umgehen.

Zwölf

Die Wall Street
zwischen
Mafia und Trickbetrügern

*„Es gibt mehr Dumme unter den
Käufern als unter den Verkäufern"*
FRANZÖSISCHES SPRICHWORT

*N*icht nur Privatanleger versuchen in den letzten Jahren
verstärkt, vom längsten Bullenmarkt des Jahrhunderts zu
profitieren. Auch das organisierte Verbrechen will seinen Teil vom
Kuchen. Ob die Bonannos, Gambinos, die Genovese oder die
Lucheres – die gesamte Mafia mischt mit. Die Hoffnung auf
schnelle Dollars eint selbst die größten Bandenfeinde. Statt sich
gegenseitig abzuknallen, gründen sie im wahrsten Sinne des
Wortes Joint Ventures.

Jahrelang erpresste die Mafia Barbesitzer, handelte mit Drogen
und kontrollierte die korrupte Müllindustrie. Seit Bürgermeister
Rudolph Guiliani in New York kräftig aufräumt, sind diese Einnahmequellen am Versiegen. Die Fürsten der Unterwelt mussten
sich zwangsläufig nach neuen Geschäftsfeldern umsehen.

Scheinbar hat die hohe Schule der Kriminalität sie auf ihre
neue Aufgabe gut vorbereitet. Die aufgetauchten Betrugsfälle der
letzten Jahre zeigen, dass die Familien sehr effizient und mit viel
Know-how vorgehen. Früher wurde nur mancher Wall-Street-

Finanzier zum Kriminellen. Heutzutage werden Kriminelle eben auch Wall-Street-Finanziers.

So wurde im April dieses Jahres ein ehemaliger Topmanager eines Brokerhauses für das konspirative Manipulieren einer Aktie angeklagt. Er soll mit elf anderen Brokern und einigen Mitgliedern der Bonanno- und Genovese-Familie zusammengearbeitet haben.

Im vergangenen Jahr hatten die New Yorker Behörden insgesamt 85 Personen angeklagt, die Aktienwerte von 20 kleineren, börsennotierten Unternehmen gepuscht hatten. Die Werte hatten sie zuvor ahnungslosen Investoren angedreht. Mit von der Partie waren bei dem Betrugsfall nicht nur Mitglieder einer russischen Mafiafamilie – auch der New Yorker Colombo Clan hatte die Finger im Spiel.

Die Bonannos scheinen sich ebenfalls rege als Broker zu betätigen. Bereits 1997 tauchte der Name in Verbindung mit den Kollegen der Genovese auf. Die Jungs sollen versucht haben, Investoren in sieben Bundesstaaten übers Ohr zu hauen sowie Broker zu bestechen. Doch die Machenschaften, die im August 2000 zu Tage traten, stellten alle bisher bekannten Betrügereien in den Schatten.

OPERATION UPTICK

Zwei Vertreter der Bonanno- und Colombo-Familie hatten die Firma DMN Capital Investments ins Leben gerufen. Unter der Leitung von Bonanno-Mitglied „Little Robert" Lino wurde die Investmentbank der Unterwelt zum Magneten halbseidener Wall-Street-Gangster. Die Bank bot alle möglichen illegalen Dienstleistungen an, von Bestechung bis hin zu Geldwäsche, Aktienmanipulation, Wucher, Körperverletzung, Morddrohungen und Dokumentenfälschung.

Um den strengen Blicken der Börsenaufsicht zu entgehen, nistete sich die Mafia in dem kaum beobachteten Markt für Billigaktien ein. Diese Aktien werden in den USA als Microcaps bezeichnet und in so genannten Pinksheets notiert. Sie sind an fünfstelligen Börsenkürzeln zu erkennen. Der wenig regulierte Freiverkehr soll auch Kleinstunternehmen die Chance geben, sich Kapital an der Börse zu besorgen.

Ich kann vor dieser Art von Aktien nur warnen. Wer hinter die Fassaden der oftmals dubios wirkenden Gesellschaften schauen will, benötigt reichlich gute Kontakte.

Betrüger schätzen den US-Freiverkehr aus vielerlei Gründen: Wichtige Firmendaten müssen nicht veröffentlicht werden, der Markt wird kaum überwacht, das Handelsvolumen ist sehr gering und oftmals ist der Aktienkurs nicht besonders hoch. All das sind wunderbare Voraussetzungen, um den Kurs einer Schönheitsoperation zu unterziehen. Solche Art von Aktien haben übrigens mit Zwiebeln relativ viel gemeinsam. Man pellt Schale um Schale ab. Was übrig bleibt, ist nur zum Heulen.

Das Betrugsschema ist immer wieder gleich. „Pump and dump", pumpen und verkaufen heißt die Taktik. Erst wird der Aktienkurs manipuliert und wenn er hoch genug ist, wird der Kandidat versenkt. Übrig bleiben jede Menge geschädigte Privatinvestoren.

Laut der Staatsanwaltschaft haben die Mafiabroker von DMN in Kooperation mit anderen Gangstern große Aktienbeteiligungen an wenig beachteten Billigaktien erworben. Unter anderem haben sie Beteiligungen an der Fastfood-Kette „Ranch1" gekauft.

Kaum waren die DMN-Portfolios voll, ging das Puschen los. Die Mafiosi bestachen Broker anderer Firmen, um sie dazuzubringen, die Aktien aggressiv anzupreisen. Zeitgleich verbreiteten sie durch ein konstruiertes und kompliziertes Netz von Web-

Seiten und via Anlagedienste falsche und irreführende Meldungen. Stieg die Aktie allmählich, begannen die Mafiosi, die eigenen Aktienbestände zu verkaufen.

Die Mafiosi zogen die Daumenschrauben an, sobald ein Broker oder Berater zu mucken anfing. Händler, deren Kunden zu clever waren und auch am Top verkauften, sollen brutal zusammengeschlagen worden sein. Mafia-Methoden scheinen sich mit dem neuen Betätigungsfeld nicht sonderlich verändert zu haben. Gewalt oder Androhung von Gewalt sind offensichtlich auch im Aktiengeschäft ein probates Mittel, um Menschen ihr Geld abzuknöpfen – zumindest für eine Weile.

Die „Operation Uptick" setzte dem Geschäftsgebaren von DMN ein Ende. Am Mittwochmorgen, Punkt sechs Uhr, stürmten Agenten des FBI im Morgengrauen die Wohnungen von Mitgliedern der New Yorker Mafiafamilien Gambino, Colombo, Bonanno, Genovese und Luchere. Elf Mitglieder wurden festgenommen, weitere 109 Komplizen im ganzen Land landeten ebenfalls im Gefängnis. Ihnen wird vorgeworfen, am größten Wertpapierbetrug der US-Geschichte beteiligt gewesen zu sein und Investoren um 50 Millionen Dollar geprellt zu haben. Die spektakulären Verhaftungen waren der bislang größte Schlag gegen das organisierte Verbrechen an der New Yorker Finanzmeile.

Im Zuge des Börsencrashs der Unterwelt wurden zwei Werte eingefroren, ePawn.com und Wamex Holdings. Wamex war einer dieser kleinen Pennystocks, bei dem bald die große Nachricht folgen sollte. Das wurde jedenfalls den Investoren vorgegaukelt. Immer wieder hieß es, dass das Unternehmen schon bald mit einem eigenen elektronischen Handelssystem für Aktien, einem so genannten ECN, auf den Markt kommen würde. In Wahrheit hatte die US-Börsenaufsicht die Zulassung für dieses angebliche Projekt niemals erteilt. Inzwischen wurde bekannt, dass die zwei Vorstände mutmaßlich Mitglieder eines Mafia-Clans sind.

Wie lukrativ das Betrugsspiel ist, kann man am Marktwert der Holding erkennen. Zum Zeitpunkt der Kursaussetzung betrug die Kapitalisierung über 180 Millionen Dollar. Da muss ein alter Mafioso schon viele Spelunken erpressen, um so viel Geld einzusammeln.

Auch der börsennotierte Internetwert ePawn.com hat wahrscheinlich niemals seriöse Geschäfte betrieben. Doch gegenüber Investoren gab die Firma vor, E-Commerce-Software zu entwickeln und Web-Design-Lösungen anzubieten. Zum Zeitpunkt der Kursaussetzung hatte ePawn.com einen Marktwert von fast 200 Millionen Dollar. Ein geschmierter Broker sorgte dafür, dass Menschen ihr Geld in die Company steckten. Laut FBI wurde er von einem Topmanager der Firma mit rund einer Million Aktien bei Laune gehalten.

Wie sich herausstellte, mischten sogar Funktionäre der Polizeigewerkschaft bei den Betrügereien mit. Ein frisch pensionierter Polizist soll dabei geholfen haben, gigantische Summen des Gewerkschaftsfonds in die Kassen der Mafia-Broker zu schleusen. Der Kriminalbeamte war bis dato Schatzmeister dieses Fonds. Zudem soll der Exbeamte die Kriminellen über aktuelle gegen sie laufende Ermittlungen informiert haben. Das hört sich doch nach einem lukrativen Nebenjob an, oder? Weit gefehlt. Für seine Hilfe wurde er lediglich mit einem Swimmingpool im Wert von 8.000 Dollar und gelegentlichen Reisen zu Spielhöllen entlohnt.

Wahrscheinlich haben solche Helfer verhindert, dass den Mafia-Brokern von DMN früher das Handwerk gelegt wurde. Zu Fall gekommen ist DMN letztlich erst nach Jahren der Beschattung. Insgesamt waren 1.000 Stunden Tonbandaufzeichnungen nötig sowie die Aussage eines überführten Mitarbeiters (Deckname: CW-1), um „Operation Uptick" zu ermöglichen.

Vermutlich ist man mit diesem Erfolg der Mafia jedoch nur auf den kleinen Zeh getreten. Wahrscheinlich gibt es noch viele andere DMNs, von denen das FBI nichts ahnt.

Doch nicht nur die großen Mafiafamilien versuchen, Investoren zu berauben. An der Wall Street treibt sich zudem eine Menge Taschendiebe herum. Das Internet ist selbst für kleine Trickbetrüger die Pforte zur Unterwelt.

FALSCHMELDUNG – EINE AKTIE JAGT IN DEN KELLER

Freitag, der 25. August 2000. Es ist einer dieser typischen warmen und schwülen Sommertage in Manhattan. Wie üblich verläuft der Handel an der Börse relativ flau; viele Händler, Analysten und Portfoliomanager haben sich ins Wochenende verabschiedet und liegen mit einer Flasche Corona am Strand der Hamptons auf Long Island.

An der Wall Street springen die atomgesteuerten Digitaluhren auf 10:13 AM. „Breaking News" tickert in den Handelsräumen der Brokerhäuser über die Laufbänder. Die Nachrichtenagentur Bloomberg berichtet, dass laut einer Pressemitteilung von Emulex der CEO des Hightech-Unternehmens zurückgetreten sei. Außerdem müsse der Hersteller von Glasfaser-Technologie die Ergebnisse der vergangenen zwei Jahre korrigieren. Binnen weniger Sekunden brechen die Aktienkurse des Wertes ein. Nur ein paar Minuten später taucht die gleiche Meldung bei anderen renommierten Nachrichtenagenturen wie Dow Jones News Service, CBS Marketwatch.com und dem Kabelsender CNBC auf.

Die Schreckensmeldung zieht die an der Nasdaq notierte Aktie wie ein Sog nach unten. In Windeseile jagen die Kurse über die Tickerbänder: 103, 100, 90, 85 Dollar. Erst bei einem Kurs von 45 Dollar schreitet die Börse ein. Der Handel wird um 10.33

Uhr, also nur 15 Minuten nach der Nachricht, ausgesetzt. Die Bilanz dieser Minuten: Zwei Milliarden Dollar an Marktwert wurden ausradiert!

Panisch und ohne Rücksicht auf Verluste trennten sich Investoren von der Aktie, zu voreilig, wie sich später herausstellen sollte. Die vermeintliche Pressemeldung des Unternehmens entpuppte sich als eine bewusst platzierte Falschmeldung eines Trickbetrügers, der den Wert drücken wollte.

Um 9.30 Uhr, exakt zur Börseneröffnung, tauchte die falsche Presseverlautbarung erstmals auf. Versendet hatte sie Internet Wires, eine PR-Agentur mit Sitz in Los Angeles, die sich auf die Verbreitung von Presseerklärungen an Nachrichtendienste spezialisiert hat. Die einflussreichsten Nachrichtenagenturen des Landes griffen die Meldung auf und von nun an verbreitete sich die Nachricht wie ein Computervirus.

Die Richtigstellung des Unternehmens machte anschließend jedoch ebenso schnell die Runde. Um 13.31 Uhr wurde die Aktie wieder zum Handel freigegeben und konnte dann fast das gesamte Minus aufholen. Sie schloss bei rund 106 Dollar und damit knapp unter dem Vortagskurs. Für diejenigen, die den Titel panikartig verkauften oder Limitverkaufsaufträge nicht schnell genug stornieren konnten, war es dennoch ein verlustreicher Tag.

Wer an einem fallenden Aktienkurs verdienen will, muss entweder Verkaufsoptionen kaufen oder die Aktie leerverkaufen. Eine Verkaufsoption gewinnt an Wert, wenn die Aktie fällt. Bei einem Leerverkauf oder einem so genannten Short verkauft ein Investor geliehene Aktien. Der Investor hofft, diese Aktien zu einem späteren Zeitpunkt billiger zurückkaufen zu können. Fällt der Wert in dieser Zeit von 100 auf 70 Dollar, hat der Short 30 Dollar Gewinn pro Aktie eingebracht.

Schon am Tag des Kurseinbruchs meldete sich der Sprecher der CBOE, der Optionsbörse in Chicago, zu Wort. An der Börse

seien sowohl am Vortag als auch am Tag der Meldung ungewöhnlich viele Verkaufsoptionen gehandelt worden. Das FBI in
New York und Los Angeles, die Börsenaufsichten der Nasdaq und
des Chicago Board Options Exchange nahmen die Spur auf.

Nach wenigen Tagen konnten die Behörden erfolgreich zuschlagen. Mark Jakob wurde nicht mal eine Woche nach dem
Ereignis, am 31. August, in Kalifornien gefasst: Der 23-jährige
Student aus El Segundo hatte auffällig viele Verkaufsoptionen im
Depot. Zudem war er von April 1999 bis zum 18. August 2000
ein Mitarbeiter von Internet Wires und dort im administrativen
Bereich tätig. Er kannte das System seines früheren Arbeitgebers
gut genug, um die Pressemitteilung einzuschmuggeln. Insgesamt
ergaunerte er auf diese Art und Weise 241.000 Dollar – Peanuts,
im Vergleich zu dem rund zwei Milliarden-Dollar-Schaden, den
er verursacht hat.

Just in dem Moment, in dem dieses Buch gedruckt wurde,
fand die Gerichtsverhandlung statt. Im schlimmsten Fall verbringt
Jakob nun die nächsten 15 Jahre in Haft.

BETRUG IM CHATROOM

Wirklich sicher sind Investoren vor derartigen Betrügereien
nie. Gerade Privatinvestoren sollten immer ihren gesunden
Menschenverstand einschalten, insbesondere wenn jemand mit
ihnen übers Internet ins Geschäft kommen will. Viele lassen sich
dort auf Abenteuer ein, die sie in der wirklichen Welt nie wagen
würden. Viel blindes Vertrauen zieht Finanzbetrüger magisch an.
So nett jemand im Web auch sein mag, denken Sie dran: Einige
wollen nur Ihr Bestes – Ihr Geld.

Hey, wer freut sich nicht darüber, im Internet einen Leidens-
genossen zu finden, der mit der gleichen Aktie auf die Nase gefal-

len ist. Und es macht auch Spaß, sich in einem Chatroom über potenzielle Gewinner zu unterhalten. Unterhalten ist gut, darauf reagieren kann teuer werden. Ende letzten Jahres konnten zwei amerikanische Studenten fast eine Million Mark verdienen, indem sie falsche Gerüchte in virtuellen Diskussionsräumen streuten.

Für wenige 10.000 Dollar kauften die beiden die Aktien einer so gut wie bankrotten Druckerei auf. Das Unternehmen befand sich im Vergleichsverfahren und die Aktie notierte gerade noch bei rund 50 Cent. Die Firma war ein ideales Opfer für die Studenten: Die Aktien waren preiswert genug, um viele zu kaufen, und zugleich war ihr Handelsvolumen so gering, dass die jungen Männer sie leicht manipulieren und puschen konnten.

Kaum war das Wochenende angebrochen, machten sie sich an die Arbeit. Ob in den Chatrooms der Internetdienste RagingBull, TheStreet.com oder Yahoo! – überall machten die Gerüchte einer Übernahme die Runde. Um die Herkunft der Story zu verschleiern, loggten sich die Jungs nicht über die eigenen Rechner, sondern über den Uni-Server ein. Wahrscheinlich saßen die beiden mit einer Tüte Chips und einem Kasten Budweiser gemütlich vor ihren Computern und lachten sich ins Fäustchen.

Das harte Arbeitswochenende hatte sich bezahlt gemacht. Die Aktie ging zur Börseneröffnung am Montag durch die Decke. Doch wie so oft, wurden die beiden wenige Wochen später von der Börsenaufsicht gefasst.

Dreizehn

Nasdaq & Neuer Markt

„Sie werden niemals große Gewinne machen,
ohne die Gefahr gespürt zu haben"
MICHAEL STEINHARDT

e s steht außer Frage, dass die Etablierung des Neuen Marktes in Deutschland ein großer Schritt nach vorne ist. Erstmals haben Jungunternehmer wirklich die Möglichkeit bekommen, den Kapitalmarkt anzuzapfen. Obwohl ich ein großer Fan des Neuen Marktes bin, gibt es jedoch einiges, was ich daran auszusetzen habe. Da Investoren jede Neuemission wie einen Schwamm aufgesaugt haben, wurden teilweise Unternehmen an die Börse gebracht, die vorrangig ein Ziel vor Augen hatten: Die Altaktionäre zu bereichern. Nach einem kleinen oder meinetwegen auch größeren Aufbäumen des Börsenneulings brachen die Kurse ins Bodenlose. Ob wegen mangelnder Substanz der Unternehmen oder aufgrund des oftmals schlechten Managements – der ahnungslose Privatinvestor musste kräftig bluten.

Im Spätsommer 2000 fragte ich einen Investment-Banker, wie denn dieser Tage so das Geschäft mit Internetemissionen laufen würde. Langsam fing er an, aus seiner Papierserviette einen Flieger zu basteln. Er nahm den Flieger in die Hand, sagte: „Jetzt ist das Ding reif für den freien Fall" und warf ihn durchs Restaurant.

Nach wenigen Metern stürzte der Flieger in den Abgrund. Sein Kommentar: „So laufen dieser Tage Internetemissionen."

So stürmisch das Emissionsgeschäft zu Jahresanfang war, so tot war es im Spätsommer. In den USA konnte man seit Herbst 1999 beobachten, dass sich in den Internetfirmen die Ratten sammelten, um die sinkenden Schiffe zu verlassen. In der ersten Hälfte des Jahres 2000 lag die Anzahl der Kapitalerhöhungen, die an der Wall Street „Secondary Offerings" heißen, über dem fünffachen Niveau des Vorjahres. Hinzu kam, dass ein Drittel aller Aktien, die dadurch auf den Markt gekommen sind, direkt von Altaktionären, also beispielsweise den Gründern stammten. Hätten diese Unternehmer Vertrauen in ihre Zukunft gehabt, würden sie sich von den Aktien nicht so schnell getrennt haben. Ihr Motto war: Retten, was noch zu retten ist.

Selbst einem blinden Journalisten mit Krückstock müsste in Gesprächen mit so manchem Web-Vorstand aufgefallen sein, dass dessen Hauptinteresse nicht auf der strategischen Ausrichtung des Unternehmens liegt. Im Zentrum der Strategien vieler Internetfirmen steht der Aktienkurs. Doch ein Unternehmen lebt nicht von den Kurssteigerungen seiner Aktien, sondern vom dauerhaften Erfolg. Stimmt die Bilanz, zieht der Aktienkurs von selbst mit.

Leider ist es oft so, dass eine Kursrally bei einer Aktie mit dem fundamentalen Zustand eines Unternehmens verwechselt wird. Man verliebt sich in seinen Wert, seinen Liebling, der jeden Tag nur steigt. Einer meiner Bekannten hat sein Ferienhaus nach seinem Lieblingswert benannt. Die Liebe müsste allerdings längst verblasst sein – der Aktienkurs ist im Keller. Unterm Strich hatte die Kursrally die Tatsache verwischt, dass die langfristige Überlebenschance des Unternehmens ab einem bestimmten Zeitpunkt gering war. Was aussieht und läuft wie eine Ente, ist eben oft tatsächlich eine.

Man denke beispielsweise an die niederländische Softwareschmiede Baan. Das Unternehmen behauptete zum Börsenstart, dass es auf dem Weg sei, zur zweiten SAP aufzusteigen. Der Walldorfer Konzern konnte wohl nicht gemeint sein. Vielmehr stand die Abkürzung offensichtlich für „Sicher-Auf-Pleitekurs". Der Aktienkurs von Baan hat sich kontinuierlich entwickelt – in die falsche Richtung.

Auch Gigabell-Aktien waren ein teurer Spaß für Investoren. Dem Telekommunikations-Unternehmen ging das Geld aus und im September 2000 musste es ein Insolvenzverfahren anmelden – eine Premiere am Neuen Markt.

Das amerikanische Gegenstück zum Neuen Markt ist die Nasdaq, die weltweit erste Technologiebörse. Die virtuellen Pforten für den Aktienhandel wurden am 8. Februar 1971 geöffnet. Gemessen am täglichen Dollar-Handelsvolumen ist die Nasdaq nach der New Yorker Aktienbörse weltweit der zweitgrößte Handelsplatz. Keine andere Börse in den USA wächst in einem derart schnellen Tempo.

Mit wichtigen Ereignissen im Technologiebereich boomten auch dort die Kurse.

Wichtige Eckdaten aus der Technologie:

April 1974	Intel stellt den 8080-Chip vor. Das Gehirn für den ersten PC
Januar 1975	Mit dem Altair 8800 von Micron Instrumentation und Telemetry Systems erlebt der erste PC seine Markteinführung
November 1975	Microsoft wird gegründet
April 1976	Apple Computer wird gegründet
August 1981	IBM stellt den IBM-PC vor
Januar 1983	Das TIME Magazin kürt den PC zur Maschine des Jahres

193

Mai 1985	Mit Quantum Computer Services wird der Vorbote von America Online ins Leben gerufen
März 1993	Intel stellt den Pentium Chip vor
November 1998	America Online und Netscape fusionieren
Januar 2000	AOL plant Übernahme von Time Warner

Die Wettbewerbschancen gegenüber der großen Konkurrentin NYSE haben sich 1991 deutlich verbessert. Bis zu diesem Datum durfte eine Aktiengesellschaft, die einmal an der New Yorker Aktienbörse eingeführt war, zur Nasdaq wechseln. Umgekehrt durfte die NYSE jedoch versuchen, Unternehmen wie Microsoft abzuwerben.

Ein großer Irrtum liegt jedoch darin, zu glauben, dass die Nasdaq einen höheren Tagesumsatz an Aktien hätte als die große Schwester. Auch wenn es manchmal so aussehen mag – es handelt sich dabei um eine optische Täuschung. Eine Transaktion über 1.000 Aktien an der New Yorker Aktienbörse wird auf der Seite des Handelsvolumens als 1.000 Aktien gebucht. An der Nasdaq wird diese Transaktion doppelt gerechnet. Eine Transaktion über 1.000 Aktien, so die Definition der Technologiebörse, beinhaltet einen Kauf von 1.000 Aktien und gleichzeitig einen Verkauf von 1.000 Aktien. Auf der Seite des Handelsvolumen werden also 2.000 Aktien verzeichnet.

Die Volatilität und Schwankungsfreudigkeit der Nasdaq, insbesondere in den ersten Handelsminuten, ist oftmals um einiges höher als an der New Yorker Börse. Auf dem Parkett hat der Makler die Möglichkeit, bei einem ungewöhnlich hohen Aufkommen an Kauf- und Verkaufsaufträgen den Handel einer Aktie verspätet zu eröffnen. Im Fachchinesisch nennt man dies "Order Imbalance". Erst wenn ein angemessener Kurs gefunden ist, der eine faire Eröffnung in den Handelstag gewährleistet, gibt der Makler den Handel mit dem Wertpapier frei. An der Nasdaq werden Aktien immer mit der Eröffnungsglocke gehandelt, es sei denn, der Handel ist wegen Nachrichten, Gewinnwarnungen beispielsweise, oder anderer Ereignissen ausgesetzt. Die Masse an Aktienaufträgen, die in den ersten Minuten auf den Markt fluten, sorgt bei den Einzelwerten für dementsprechend nervöse Schwankungen.

Ich habe das Gefühl, dass Investoren nach der Korrektur im September/Oktober 2000 den Technologiebereich so voreilig abschreiben, wie er noch wenige Monate vorher zu sehr gelobt wurde. Wichtig ist an dieser Stelle ein Faktor: Was sich durch die Korrektur geändert hat, ist die Bewertung dieser Aktien – nicht geändert aber hat sich die Tatsache, dass die zunehmende Technologisierung die Welt weiterhin stark verändern wird. Das Risiko der Rezessionen sinkt, die Inflation hat ein wesentlich schwierigeres Standing und die Staaten, die auf der Hightech-Welle schwimmen, werden steigende Lebensstandards sehen.

„Ich sage deshalb nicht, dass wir uns in einer neuen Ära bewegen, weil ich schon zu viele angeblich neue Ären in meinem Leben hab kommen und gehen sehen", sagte Notenbanker Alan Greenspan im Mai 1999. Doch auch wenn die New Economy keine neue Ära sein mag, macht sie die Welt doch um einiges effizienter und transparenter.

NEW ECONOMY:
DER NATÜRLICHE FEIND VON REZESSION UND INFLATION

In der Old Economy hingen die Zyklen der Konjunktur eng mit dem Verlauf von Lagerbeständen der Unternehmenswelt zusammen. Unternehmer wiegen sich in Wirtschaftsaufschwüngen in Sicherheit und glauben, der wunderbar blaue Himmel müsse immer blau bleiben. Ein großer Fehler, der sich vor der zunehmenden Technologisierung meistens stark gerächt hat.

Oftmals merkte die Unternehmenswelt zu spät, dass sich das Nachfrageumfeld für die hergestellten Produkte geändert hatte. Noch monatelang produzierte man auf Hochtouren und fuhr die Lagerbestände dementsprechend aggressiv hoch.

Stellt sich die Erkenntnis einer nachlassenden Nachfrage ein, sind die Konsequenzen nun umso größer. Fabriken werden verkauft oder Produktionskapazitäten stillgelegt. Die zu hohen Lagerbestände werden durch Schleuderpreise abgebaut. Geschieht dies auf einer groß angelegten Basis, drohten Rezessionen die Konjunkturen zu überschatten.

So viel zur Vergangenheit. In der New Economy verfügt die Mehrheit der Unternehmen über so genannte Just-in-time-Informationen. Zu fast jedem Zeitpunkt kann die Endnachfrage kontrolliert werden und Produkte erst dann hergestellt werden, wenn die Nachfrage tatsächlich vorhanden ist. Dell produziert und bestellt die Bauteile erst dann, wenn der Auftrag vom Endverbraucher erteilt wurde. In Zeiten aggressiver Nachfrage kann dies zwar zu vorrübergehenden Produktionsengpässen führen – das Risiko, dass Lagerbestände über einen längeren Zeitraum zu stark aufgebaut werden, sinkt aber dennoch. Ändert sich die Nachfrage, kann sofort reagiert werden. Privatinvestoren können gerade im Jahr 2000 ein Lied davon singen. Ob in der PC-, Mobilfunk-, Glasfaser- oder Chipbranche: in jedem dieser Segmente passte man die Nachfrageprognosen nach unten an und reduzierte die aufgelaufenen Lagerbestände. Ein für den Aktienkurs schmerzlicher Vorgang. Diese schnelle Anpassung nach unten vermindert jedoch das Risiko von dauerhaften Schwierigkeiten. Da Technologie der Rohstoff der Zukunft ist und die Preise auch dementsprechend volatil sind, muss man auf Nachfrageveränderungen schnell reagieren können. Die Technologisierung senkt die Gefahr, dass es unbewusst zu hohen Lagerbeständen kommt – das Risiko vor groß angelegten Rezessionen fällt ebenfalls.

Sicherlich hat sich nichts daran geändert, dass Inflation längerfristig direkt mit der Fiskalpolitik zusammenhängt. Rennt in einer Konjunktur zu viel Geld zu wenig Produkten hinterher, steigt das Risiko aufkommender Inflation. Auf kürzere Zeitspannen betrachtet, nimmt die New Economy, gekoppelt mit dem Ende des Kalten Krieges und der voranschreitenden Globalisierung, eine ebenfalls bedeutende Rolle ein.

In der Old Economy konnten Gewerkschaften noch durch zunehmende Lohnforderungen auch steigende Preise hervorbringen. Große Konzerne nutzten Lohnanhebungen, um ebenfalls die Verkaufspreise hochzutreiben. Die wenigen Konkurrenten schlossen sich wiederum den Preisanhebungen an. Die Kundschaft stand meistens vor nicht ausreichenden Alternativen und musste die höheren Kosten schlucken.

Mit der New Economy auf dem Vormarsch hat sich das Preisumfeld für viele Unternehmen und Branchen deutlich verändert. Durchgeführte Preisanhebungen können sich in Anbetracht des härteren Konkurrenzkampfes oft nicht dauerhaft halten. Die so genannte „PricingPower", also die Fähigkeit, erfolgreich Preisanhebungen durchzusetzen, hat erheblich nachgelassen. So hat auch die Macht der Gewerkschaften über die Jahre deutlich abgenommen. Während 1975 noch 21,5 Prozent der Arbeitnehmer amerikanischer Privatunternehmen in Gewerkschaften organisiert waren, liegt diese Quote 1999 bei mittlerweile nur noch 9,5 Prozent. Da Unternehmen gegen wesentlich mehr Wettbewerb ankämpfen müssen und die Preise nicht ohne weiteres heben können, tun sich ebenfalls die Gewerkschaften an der Lohnfront schwerer.

Die heute gefragten Produkte sind oftmals nicht besonders groß, leicht und vor allem auch schnell transportierbar – ob auf dem Luftweg oder durch den Cyberspace. Erhöht also ein Unternehmen die Preise eines Produktes, findet sich schnell irgendwo auf dieser Welt ein Wettbewerber, der bereit ist, mit niedrigeren Preisen verschärft in den Wettbewerb zu treten. Die neuen Technologien, allen voran das Internet mit dem zunehmenden Einmarsch von B2B-Plattformen, erhöhen die Transparenz. Kunden können mit nur wenigen Mausklicks Preisvergleiche vornehmen. Nicht, dass Inflation keine Chance mehr hat, vielmehr ist das Risiko von Inflation dadurch gedämpft.

MODERATE INFLATION TROTZ NIEDRIGER ARBEITSLOSIGKEIT

So mancher Volkswirt muss sich wohl oder übel eingestehen, dass sich die Vergangenheit nicht immer wiederholen muss. So nahm man lange Zeit an, dass eine Arbeitslosenquote unter 6 bis 6,5 Prozent das Risiko von steigenden Löhnen mit sich bringt. Sinkt die Quote unter dieses Niveau, würden Unternehmen gezwungen sein, Gehälter anzuheben, um das Personal halten zu können. Höhere Löhne würden wiederum zu höheren Verkaufspreisen und damit auch steigender Inflation führen. Doch alles sollte anders kommen!

Seit August 1994 liegt die Arbeitslosenquote in den USA unter der 6-Prozent-Marke. Im Juli 1997 sackte sie unter 5 Prozent und rutschte bis zum Oktober 2000 auf unter vier Prozent. Damit notiert die Arbeitslosigkeit in den Vereinigten Staaten auf dem niedrigsten Niveau seit rund 30 Jahren. Eines aber lässt noch immer auf sich warten: wirklich zunehmender Gehaltsdruck. Im Gegenteil – durch die steigende Produktivität waren die Lohnstückkosten im dritten Quartal 2000 sogar rückläufig. Alan

Greenspan hat erkannt, dass in dem modernen Wirtschaftsumfeld so manche Spielregel nicht immer funktionieren muss. Er hat das einzig Richtige getan und die Stimmen der Volkswirte ignoriert, um das Lenkrad selbst in die Hand zu nehmen.

DIE NEW ECONOMY IST MIT DEN WISSENDEN!

Sicherlich muss man wohl mit der bitteren Wahrheit leben, dass das Zweiklassensystem der Zukunft auf den Wissenden und Unwissenden basiert. Hochtechnologisierte Industriestaaten hängen die weniger entwickelten Entwicklungsländer zunehmend ab – eine immer größer werdende Lücke tut sich auf.

In den Industriestaaten müssen Unternehmen, die auf lange Sicht überleben wollen, immer effizienter werden. Der harte Wettbewerbsdruck und die großen Fortschritte in der Technologie stellen immense Anforderungen dar. Das Ziel muss sein, durch weniger Aufwand mehr Ausstoß zu bekommen. Der Mehrwert, den jeder Arbeitnehmer schafft, muss sich steigern, die Effizienz zunehmen. Die steigende Produktivität zahlt sich aber nicht nur für das Unternehmen aus, der Lebensstandard und die Löhne profitieren ebenfalls.

Mit der steigenden Produktivität steigt über einen längeren Zeitraum auch das Gehalt; mit dem Gehalt auch der Lebensstandard. Während der ersten 25 Jahre nach dem Ende des Zweiten Weltkriegs konnte die Produktivität um jährlich 2,7 Prozent gesteigert werden. In diesem Vierteljahrhundert verdoppelte sich der Lebensstandard des Durchschnittsamerikaners.

Im Jahre 1973 betrugen die Wachstumsraten der Produktivität jährlich nur 1 Prozent. Bei diesem Tempo hätten die US-Haushalte in erst 70 Jahren ihren Lebensstandard verdoppelt. Mit dem Einzug von Technologie konnten die Wachstumsraten deutlich zulegen und liegen seit 1996 kontinuierlich über der 2-Prozent-Marke und nicht selten sogar deutlich über der 3-Prozent-Marke.

Dass sich eine Lücke zwischen den Wissenden und Unwissenden auftut, ist leider ebenfalls zu sehen. Immer mehr Einkommen konzentriert sich auf immer weniger Volk. Während seit 1973 der Einkommensanteil bei dem einflussreicheren Fünftel der Bevölkerung um 22 Prozent gestiegen ist, ist der Anteil bei den weniger Einflussreichen um rund 6 Prozent gesunken. Die Schere zwischen Reich und Arm wird mit dem Einzug der Technologie höchstwahrscheinlich steigen.

Die „Unwissenden", die keine geeignete Ausbildung vorweisen können, müssen sich zunehmend mit den Billigproduzenten aus dem Ausland schlagen, die nicht nur niedrigere Löhne vorweisen können, sondern auch auf der Technologisierungsfront erheblich wettbewerbsfähiger geworden sind.

TECHNOLOGIEWERTE: BOOM – ERNÜCHTERUNG – BOOM ?

Dass die Internetblase platzen musste, war abzusehen, auch wenn niemand wusste, wann der Zeitpunkt dafür sein würde. Doch waren Investoren vorher zu enthusiastisch, hat die blutige Korrektur im Herbst 2000 sie übervorsichtig gemacht.

Investoren scheinen davon auszugehen, dass sich die Bewertungslücke zwischen Technologie- und Standardwerten gänzlich schließen wird. Da der Hightech-Bereich mit einer steigenden Tendenz stärker als der Gesamtmarkt wächst, ist eine höhere Marktbewertung aber durchaus gerechtfertigt. Für die wesentlich höhere Bewertung liegen ausreichend Fakten auf dem Tisch. So wuchsen die Umsätze der Technologieunternehmen in den vergangenen fünf Jahren doppelt so stark wie die Gesamtwirtschaft.

Noch bis Mitte der 90er Jahre konnten sie das Konjunktur-wachstum nur um 25 Prozent übertreffen.

Nicht nur die Umsätze, auch die Erträge im Technologie-bereich wachsen mit beeindruckender Geschwindigkeit. Während gegen Ende der 80er Jahre die Werte des S&P-500-Index ein Ertragswachstum von neun Prozent aufwiesen, hinkten die Hightechs damals mit traurigen drei Prozent hinterher. Seit nun schon über zehn Jahren befinden sie sich aber auf der Überhol-spur.

So wuchsen ihre Erträge in den vergangenen fünf Jahren durchschnittlich um 22 Prozent; die Gewinne der Aktien des S&P-500-Index schafften nur die Hälfte. Aufgrund der steigen-den Unternehmensgewinne des Technologiesektors haben Analysten schrittweise die langfristigen Ertragsschätzungen ange-hoben. Mitte 2000 prognostizierten sie eine Quote von rund 27 Prozent. Selbst im Fall einer konjunkturellen Abkühlung liegt das Ertragswachstum der Branche deutlich über dem Niveau des Gesamtmarktes.

Kein Wunder also, dass ein aggressiv wachsender Telekomwert ein weitaus höheres KGV rechtfertigen kann als meinetwegen eine Fluggesellschaft oder ein Automobilkonzern. Diese beiden Branchen hatten, historisch betrachtet, meistens KGVs im ein-stelligen Bereich. Eine DaimlerChrysler muss nicht unbedingt eine attraktive Aktie sein, weil das KGV bei 9 liegt und das KGV des S&P-50- Index bei 23.

BIOTECH & TECHNOLOGIE:
VERSTEHEN SIE NOCH, WAS SIE KAUFEN?

Die zunehmende Bedeutung von Aktien der Technologie- und Biotechnologiebranche hat die Zusammenstellung von Portfolios in den vergangenen Jahren erheblich erschwert. Hand aufs Herz: Wissen Sie wirklich, was Cisco Systems oder Sun Microsystems zu derart tollen Unternehmen macht? Sicherlich, jede dieser Hightech-Schmieden ist Marktführer, aber erklären Sie mir bitte mal, was LAN oder SAN oder Netzwerk-Switcher genau sind. Vorausgesetzt Sie sind kein Informatiker, haben Sie vermutlich genauso wenig Ahnung wie ich.

Hier ein kurzer Auszug aus einer Kaufempfehlung auf die Aktien von Network Appliances des Brokerhauses Bear Stearns vom 15. August 2000: „Die Bemühungen, den Bereich VI Architektur auszuweiten, und die zunehmende Marktakzeptanz von Direct Access File Systems (DAFS) dürften sich auszahlen." Ja, da tanzt der Bär und der Koch steht im Wald. Wie erkläre ich meinen Zuschauern bitte schön diese Kaufempfehlung? Und an dieser Stelle muss ich dem Analysten danken, denn auch er muss wohl gewusst haben, dass ich diese Ausführungen nur begrenzt verstehen kann. So endet dann die Studie mit den Worten: „Kaufen, weil Ergebnis gut." Worte, die nun auch ich kapiere.

Was ein Unternehmen auszeichnet, entscheiden Anleger zunehmend aufgrund von Kaufempfehlungen und der sich entwickelnden Dynamik eines Aktienkurses. Investoren können aber immer weniger abschätzen, was das Unternehmen kennzeichnet und wie lange dessen Produkte noch gefragt sein werden. Dabei werden die Produktzyklen in der Technologie immer kürzer und die Preise der Produkte schwanken wie Rohstoffkosten. Technologie ist mehr oder weniger der Rohstoff der Zukunft. Die Preise von DRAM-Speicherchips oder von DSL-Hochgeschwindigkeitsleitungen sind ausgesprochen volatil. Genauso volatil wie die Geschäftsperformance der zugrunde liegenden Unternehmen.

Der einfach klingende Ratschlag, beim Aktienkauf auf Marktführer zu setzen, erscheint einleuchtend, ist aber gar nicht so einfach zu befolgen. Besonders während des Internetbooms war es erstaunlich, wer sich alles mit diesem Titel schmückte. Marktführer ist eine Bezeichnung, mit der schon viele Privatanleger über den Tisch gezogen wurden. Denn Marktführer kann eigentlich fast jeder sein – selbst ein Pasinger Kindergarten, wenn er der größte im Umkreis von mehreren Kilometern ist. Auch meine New Yorker Presseagentur Wall Street Correspondents ist Marktführer. Immerhin ist sie das größte deutschsprachige Journalistenbüro für Finanznachrichten in Manhattan.

Iomega, zeitweise ein hochgelobter Wert, war ebenfalls Marktführer, zumindest für eine gewisse Zeit. Dann kam die Konkurrenz und die Preise für ZIP-Drives fielen in den Keller. Investitionen in den Shootingstar erwiesen sich nun als Schuss in den Ofen. Also, wenn schon auf Marktführer setzen, dann auf diejenigen, die in wichtigen Märkten das Feld anführen. Auf den Nebenkriegsschauplätzen gibt es hunderte von so genannten Marktführern.

Viele Möchtegernmarktführer aus dem Dunst der New Economy werden die nächsten Jahre nicht überleben. Dafür wird die Old Economy ins Internetgeschäft vordringen und das Branchenumfeld verändern. Die Schnellboote der New Economy werden mit den Tankern der Old Economy fusionieren – ein überlebensfähiger Kreuzer entsteht. Die Kombination aus Markennamen, Distribution, Platzierungspower und Finanzstärke ist die Formel für den dauerhaften Erfolg.

Merrill Lynch und Morgan Stanley warnten schon während der Bildung der Dot.com-Blase, dass voraussichtlich nur 25 Prozent aller Internetgesellschaften in fünf Jahren noch an der Börse notiert sein werden. Der Rest wird aufgekauft, fusioniert oder schlichtweg in die ewigen Jagdgründe eingehen. Ein Großteil der Zukunft im Web gehört den traditionellen „Brick and Mortar"-Konzernen. Das sind Unternehmen wie die weltgrößte Einzelhandelskette Wal Mart, deren Geschäfte statt in den virtuellen Räumen des Internets in der realen Welt abgewickelt werden – Unternehmen, die eben immer noch aus „Backsteinen und Mörtel" bestehen.

Diese Konzerne drängen mit aller Macht ins Internetgeschäft und versuchen, sich in „Click and Mortar"-Unternehmen zu verwandeln. Sie haben erkannt, was Andy Grove, Vorstand von Intel, schon vor Jahren prophezeite: „Ein Unternehmen, das auf Dauer im Internet nicht präsent ist, wird kaum eine Überlebenschance haben."

Jetzt frage ich Sie: Wenn Konzerne wie General Electric, Microsoft oder Wal Mart ins Internet drängen – wer hat dort wohl auf lange Sicht die besseren Karten? Kleine Web-Firmen, die tiefrote Zahlen schreiben, deren Wachstum nachlässt und Finanzierungshähne nur noch müde tropfen, oder diese strategisch gut ausgerichteten, finanzkräftigen Konzerne? Diese Frage brauche ich wohl kaum zu beantworten. Nicht umsonst notieren Aktien wie eToys, Pets.com, Drkoop.com nebst hunderten anderen zweitklassigen Internetwerten am Rande des Abgrunds und im Durchschnitt 80 bis 95 Prozent unter ihren Höchstständen.

Es wird immer wichtiger, die wirklichen Marktführer rechtzeitig zu finden und wieder abzustoßen. Wer langfristig an der Börse Gewinne machen will, setzt auf die Aktien von Unternehmen, die in ihrem Bereich zu den besten gehören – ganz wie es John Slade empfiehlt.

Vierzehn

ERFOLGSREZEPTE
FÜR DEN
INVESTMENTDSCHUNGEL

*V*eich sein ist schön, reich werden schwierig. Wie sonst lässt sich erklären, dass zwischen 1970 und 1990 etwa 75 Prozent der professionellen Vermögensverwalter schlechter als der S&P-500-Index abschnitten? Zu diesem Ergebnis kommt C. Ellis in seinem Buch *„Investment Policy"*. Wie an anderer Stelle erwähnt, liegen die Analysten über einen Zeitraum von 25 Jahren mit ihren Gewinnschätzungen für Unternehmen in 44 Prozent aller Fälle daneben. Spitzenreiter sind jedoch die Laien. Man vermutet, dass die Fehlerquote der Privatinvestoren am Aktienmarkt zwischen 50 und 60 Prozent liegt.

Eine Studie der Universität von Kalifornien hat sich auf einen längeren Zeitraum die Performance von Aktienclubs zu Gemüte geführt. Die Trading-Aktivitäten von 166 Clubs wurden in der Studie untersucht. Alle wickelten ihre Transaktionen über große Onlinebroker ab. Das Ergebnis der Studie war, dass zwischen Februar 1991 und Januar 1997 lediglich ein Jahresgewinn von 14,1 % erzielt wurde. Fast 4 % weniger als der Aktienmarkt selbst jährlich zulegte und etwa 2 % weniger als der normale Durchschnittsinvestor an Gewinn einfahren konnte. Ein Index-Fonds hätte es auch getan. Die lustige Bilanz: Die Clubmitglieder entscheiden sich für einen Aktienkauf, um den, der die Analyse gemacht hat, nicht zu enttäuschen.

Warum sind so viele clevere und kreative Investoren wie auch Vermögensverwalter nicht in der Lage, die Performance des Aktienmarktes zu schlagen? Warum macht die Mehrheit der Privatinvestoren den Fehler, zu teuer zu kaufen und bei zu niedrigen Kursständen zu verkaufen? Und wieso fallen so viele Anleger auf vermeintlich heiße Tipps und Gerüchte herein? Viele vertrauen zu sehr auf Gurus und Analysten, agieren ohne Strategie und wenn sie eine haben, fehlt ihnen oft die Disziplin, diese stringent zu verfolgen. Gelegentlich überschätzen sie auch die Qualität des Managements einer Aktiengesellschaft oder eines Fonds.

Doch wie macht man es richtig? Sie wissen nun, dass der Koch zur Vorsicht mit Analystenkommentaren und Technischen Analysen rät und dass Privatanleger weder auf Pump kaufen, noch Risikogeschäfte wie Shortselling betreiben sollten. Aber „Wie denn nun?", fragen Sie sich vielleicht jetzt. Deshalb möchte ich zum Schluss nicht nur explizit vor ein paar wilden Tieren und Fehlern im Investmentdschungel warnen, sondern auch Pfade aufzeigen, die durch das Dickicht führen.

NIEMAND IST UNFEHLBAR, AUCH SIE NICHT!

Angst und Gier verleiten viele Anleger zu Fehlern. Wohlgemerkt gibt es einen wesentlich bedeutenderen, aber wenig beachteten Fehlerteufel: das Syndrom der Unfehlbarkeit. Leicht verfallen Investoren dem Irrglauben, unglaublich clever zu sein und genau zu wissen, wer der nächste große Aktiengewinner sein wird. Besonders in langjährigen Bullenmärkten neigen Investoren zu solchen Phantasien. Sie glauben fest daran, dass ihr Investment sich in Form eines gehobenen Lebensstils auszahlen wird. Je stärker dieses Wunschdenken und je ausgeprägter der Glaube an die eigene Unfehlbarkeit, desto risikobereiter verhält sich der Anleger. Schwebt er auf Wolke sieben und verliert jegliches realistische Ziel aus dem Auge, droht ein böses Ende. Nur wenige Investoren, wie beispielsweise Warren Buffett, sind gegen das Unfehlbarkeitssyndrom immun und können auf längere Sicht eine kontinuierlich erfolgreiche Performance erzielen.

Wer ein guter und wer ein schlechter Investor ist, entpuppt sich meistens erst in Korrekturphasen. Ein Mensch, der in einem derart schwierigen Umfeld in der Lage ist, mit seiner Aktienanlage Gewinne zu erzielen und einen kühlen Kopf zu behalten, wird vermutlich auch in Rallyphasen nicht übermütig. Gerade weil der Bullenmarkt der letzten Jahre immer wieder aufs Neue rotierende Korrekturen vollzieht, finden sich selbst in mageren Börsenjahren Aktien, die überdurchschnittliche Wertsteigerungen erreichen können.

Doch die wenigsten Anleger haben sich unter Kontrolle. Während des grenzenlosen Börsenaufschwungs, der den Nasdaq-Index von 2.632 Punkten am 18. Oktober 1999 bis auf 5.133 Punkte am 3. März 2000 katapultierte, war das immense Selbstbewusstsein vieler Investoren deutlich zu erkennen. Ob in Japan, Deutschland oder den USA: Portfolios wurden zunehmend auf Technologiewerte getrimmt und der Anteil an Werten der Old Economy schrumpfte im Verhältnis dazu kontinuierlich. Die Tagespresse berichtete fast täglich, wie unfair es doch sei, mit Aktien und ohne Arbeit reich zu werden. Heute liest man in den gleichen Zeitungen Forderungen, dass der Aktienmarkt reguliert werden müsse, um die armen Investoren vor herben Kursverlusten zu schützen.

Investoren wiegten sich während des warmen Geldregens der Internetblase in Sicherheit – einer zu großen, wie viele im Frühjahr und Herbst 2000 schmerzhaft lernen mussten. Auf einer Vortragsveranstaltung fragte mich eine ältere Dame nach Rat. Sie hätte da Dinger, die „to be, to be" oder so ähnlich hießen und ziemlich dick im Minus seien. Was sich für mich nach Shakespeares „to be or not to be" anhörte, sollte sich als „B-to-B"-Zertifikate entpuppen. Ein riskantes Investmentvehikel, das sich auf Internetwerte im „Business-to-Business"-Bereich konzentrierte. Als Rentnerin hätte sie diese Anlageform nicht haben dürfen. Aber zu spät ist nun mal zu spät. Was hätten Sie wohl dieser Dame geraten? In so einem Fall bleibt wohl nur die Wahl zwischen „halten" und „abschreiben".

Eine ähnliche Begegnung der dritten Art hatte ich bei einer Veranstaltung in Norddeutschland. Dort fragte mich tatsächlich jemand, ob FinGon eine gute Aktie sei. Zuerst dachte ich an eine neue chinesische Internetaktie oder Fastfood-Kette. Gemeint war allerdings der Chiphersteller Infineon. Um die Zeichnungsdeadline nicht zu verpassen, hatte er sicherheitshalber schnell zugeschlagen – und zwar nicht nur bei einer Bank, sondern bei allen Banken im Umkreis von 50 Kilometern. Bingo! Das Unternehmen ist sicherlich attraktiv, nur sollte man nicht das gesamte Rentengeld darauf verwetten. Das kann ins Auge gehen – oder auf die Pumpe!

Wer auf die Dauer Erfolg an der Börse haben will, sollte sich niemals überschätzen. Gerade Anleger, die zum ersten Mal in Aktien investieren, neigen oft dazu, genau diesen entscheidenden Fehler zu begehen. Wer den Hals nicht voll kriegt, kann an der Halskrankheit ersticken. Gier und Übermut tun selten gut!

Versuchen Sie niemals, Aktien zum niedrigsten Kurs zu kaufen und zum höchsten Kurs wieder zu verkaufen – es wird Ihnen ohnehin nicht gelingen. Selbst Börsenguru André Kostolany hat es nach eigener Aussage in mehr als 70 Jahren kein einziges Mal geschafft, zum billigsten Preis zu kaufen und zum höchsten Kurs wieder zu verkaufen. Umgekehrt sei ihm das Kunststück aber des Öfteren gelungen. Mehr als einmal habe er Aktien beim Höchstkurs gekauft und am absoluten Kurstief wieder verkauft. Diese bittere Erfahrung können Sie vermeiden, wenn Sie von Anfang an eine Stop-Loss-Marke festlegen, bei deren Unterschreiten Sie sich von einer Aktie trennen.

EWIGE GEWINNER GIBT ES NICHT

Wenn Ihnen jemand erzählt, er würde nur Gewinne mit seinen Aktien erzielen, dann hat der Jemand entweder eine ganze Menge Glück oder er flunkert. Die Börse ist nun einmal keine Einbahnstraße. So abgedroschen diese alte Weisheit auch klingen mag, sie ist immer noch wahr. Auch wenn Sie Ihre Aktien mit der größten Sorgfalt auswählen, werden Sie nicht immer auf der Gewinnerseite stehen. Wie ich bereits geschildert habe, sind die Börsenkurse das Ergebnis von Ängsten und Hoffnungen der Menschen, die an der Börse agieren. Vielleicht können Sie die aktuelle Stimmungslage der Anleger ganz gut abschätzen, wie die Börse auf mögliche zukünftige Meldungen reagieren wird, ist dagegen kaum vorherzusehen.

Das müssen Sie auch gar nicht. Die Ergebnisse der Vergangenheit zeigen, dass die Anleger, die auf Topaktien gesetzt haben, fast immer Geld verdient haben. Sicher war hier die eine oder andere Aktie dabei, die Verluste eingefahren hat. Ein Problem muss das für Sie aber nicht sein. Es gibt einen Spruch unter Börsianern, der sagt: „Wenn man bei 49 Prozent der Geschäfte Verlust macht und bei 51 Prozent gewinnt, kann man von der Differenz von 2 Prozent hervorragend leben." Halten Sie sich daran, Gewinne laufen zu lassen und Verluste zu begrenzen, dann stimmt diese einfache Weisheit auch.

André Kostolany sagte einmal: „An der Börse verdientes Geld ist Schmerzensgeld. Erst kommen die Schmerzen, dann das Geld." Wer an der Börse investiert, wird nicht immer nur Gewinne erzielen. Sind Sie nicht bereit, auch einmal einen Verlust in Kauf zu nehmen, dürfen Sie die Börse nur als Tourist besuchen, aber kein Geld dort investieren.

Doch auch Gewinne erzielen will gelernt sein. Viele Anleger neigen dazu, Gewinne zu schnell zu realisieren. Das ist einer der größten Fehler, den ein Aktienanleger machen kann. So lange der Trend in Ordnung ist und es mit einer Aktie nach oben geht, spricht nichts dafür, die Aktie zu verkaufen. Wer hier zu früh kassieren will, verschenkt einen großen Teil möglicher Kursgewinne. Schauen wir uns einmal das Beispiel der Mobilcom-Aktie an. Wer hier kurz nach der Neuemission seine Aktien wieder verkaufte, hatte vielleicht innerhalb weniger Wochen einen beachtlichen Kursgewinn von 100 Prozent gemacht. Doch was wäre möglich gewesen, wenn man die Aktien weiter behalten hätte? Der Trend lief noch eine ganze Zeit lang weiter. Wer hier die Geduld hatte, konnte sogar einige hundert Prozent Kursgewinn einstreichen.

DAS SPIEL MIT DER ZEIT: WARUM SIE MAL FLIEGT, MAL KRIECHT

Zeit ist genauso ein subjektives wie objektives Phänomen. Objektiv kann Zeit in Sekunden, Minuten, Stunden oder Tagen gemessen werden. Subjektiv können sich Minuten manchmal wie Stunden hinziehen oder ein Tag sich anfühlen, als hätte er noch nicht mal 12 Stunden gehabt. Zwischen tatsächlich dahingetickter Zeit und subjektiver Wahrnehmung liegen oft Welten.

Auch bei Anlegern ist diese Form von Zeitverschiebung zu beobachten. Stellen Sie sich vor, Ihnen wird eine Aktie empfohlen, die sich innerhalb von zehn Jahren mehr als vertausendfacht hat. Sie werden sich ärgern, dass sie die Aktie damals nicht gekauft haben. Hätten Sie 1990 AOL bei $2^1/_2$ Dollar gekauft, wären Sie heute wahrscheinlich Millionär. Wenn ich Ihnen aber nun eine Aktie mit den Worten ans Herz lege, die möglicherweise in zehn Jahren hundertfach so viel wert sein wird wie jetzt, dann werden Sie wahrscheinlich nicht zuschlagen. Mein Gott! Zehn Jahre ist eine so unendlich lange Zeit! Oder? Die Wahrnehmung dieses Zeitraums ist plötzlich eine ganz andere. Aus „Hätte ich nur!" wird „Erst in zehn Jahren?"

Gefühle und Erlebnisse aus der Vergangenheit, genau so wie Hoffnungen und Zukunftsängste, beeinflussen ständig unsere Handlungen in der Gegenwart. Doch Investoren agieren oft sehr emotional und vergessen, dass ihr Zeitgefühl sie trügt. Doch zu viel Gefühl lässt sich selten mit wirtschaftlichem Kalkül vereinen. Das gilt gerade für Zeiten, in denen es an der Börse mal nicht so gut läuft.

VON DER KUNST, MIT VERLIERERN IM DEPOT ZU LEBEN

Sie haben auf die falsche Aktie gesetzt und die Altersversorgung Ihrer Schwiegermutter verzockt. Die Person ist Ihnen nicht gerade ans Herz gewachsen und droht nun, aus finanziellen Gründen bei Ihnen einzuziehen. Vollkommen mit den Nerven am Ende suchen Sie seelischen Beistand bei Ihrem Finanzberater. „Nehmen Sie's nicht so hart", will der Mann Sie beruhigen, „auf Dauer gehen Aktien immer hoch." Toll. Böse Zungen behaupten, dass es noch heute Anleger geben soll, die hoffen, mit ihren japanischen Optionsscheinen von 1989 Oberwasser zu bekommen.

Spaß bei Seite. Der Ausspruch, dass Aktien auf Dauer steigen, ist an sich natürlich richtig. Dennoch sollte man sich nie in einen Wert verlieben, den man im Portfolio hält. Gerade in dieser sehr schnelllebigen Zeit kann das stark ins Auge gehen und ein größeres Loch ins Portemonnaie reißen. Der Verkauf eines Verlierers im Depot kann überlebenswichtig sein – auch wenn es wehtut!

Der Kauf von Aktien ist im Grunde eine Art Spiel, das oftmals nicht nur vom Anleger, sondern auch von Bekannten und Freunden mitverfolgt wird. Und wer wird nicht schon gerne dabei beobachtet, wie sich eine Investmententscheidung bezahlt macht. Man kann beim Nachbarn prahlen, wie gut man gelegen hat, und dem Berater in der Bank vorhalten, es als Laie den Experten gezeigt zu haben. Und nicht nur den privaten Anlegern geht es so. Gerade die Profis stehen ständig unter Beobachtung und werden permanent kritisiert oder gelobt. Vermögensverwalter wie Fondsmanager und Anlageberater arbeiten in einem Umfeld, in dem sie gezwungen sind, sich ständig zu beweisen und zu rechtfertigen.

Wenn Aktien sich nicht so entwickeln, wie die Finanzprofis es prognostiziert haben, ernten sie meist nur Schadenfreude. Ihnen geht es dann so ähnlich wie einem Referenten, über dessen Witz keiner lacht – sie schämen sich. Dabei sind es eigentlich Personen, die ein hohes Selbstvertrauen besitzen.

Doch gerade Menschen, die glauben, sie könnten die Performance des Aktienmarktes schlagen, leiden besonders unter Fehlschlägen. Sie stellen sich Fragen wie „Was mache ich eigentlich an der Börse? Bin ich vielleicht doch nicht so gut, wie ich dachte?" Fragen, die kräftig am Ego kratzen. Doch Schämen und Peinlichkeiten gehören zur Börse wie Himmel zur Hölle. Diejenigen, die damit leben können, dass von zehn verschiedenen Aktienpositionen drei bis vier nicht aufgehen, haben normalerweise eine bessere Performance als Investoren, die Angst haben, belächelt zu werden. Anleger, die aus ihren Irrtümern lernen, können letztlich sogar mehr Risiko eingehen, da sie Fehler nicht zweimal machen.

DIE STORY EINES UNTERNEHMENS

Auf der Suche nach einer attraktiven Aktie muss man im Grunde einen Schritt zurückgehen und erst mal die Fragen stellen: Wie sieht die Branche aus, in der das Unternehmen arbeitet? Wie gestaltet sich das Wettbewerbsumfeld? Wie sieht die Konjunktur generell aus und ist das Unternehmen zyklischer Natur oder nicht? Erst wenn ich all diese Fragen beantworten kann, nehme ich die Aktie selbst genauer unter die Lupe.

Wer zum Beispiel vor einigen Jahren Aktien der Bremer Vulkan Werft kaufte und somit auf die Zukunft des deutschen Schiffbaus setzte, hatte sich geirrt. Die Konkurrenz aus Asien beherrschte längst den Markt, die Bremer Werft war nicht mehr zu retten. Wer dagegen an Mobilcom glaubte, konnte lange Zeit kräftig Geld verdienen. Das Unternehmen agierte in einem Wachstumsmarkt und konnte ein gutes Konzept sowie ein erfahrenes Management vorweisen. Mobilcom-Chef Gerhard Schmid war vor seinem Job bei Mobilcom Verkaufsvorstand bei Sixt und wusste, worauf es im Management und Verkauf ankommt. Das Management ist ein entscheidender Faktor für den Erfolg des Unternehmens. Deshalb haben Personalentscheidungen auf Führungsebene häufig einen großen Einfluss auf Aktienkurse.

Wenn Sie Auskünfte über ein Unternehmen einholen, sollten Sie darauf achten, dass Sie verlässliche Informationsquellen anzapfen. Wie ich bereits im Kapitel „Gerüchte" beschrieben habe, kursieren besonders im Internet viele vermeintlich tolle Tipps. Hier sollten Sie besonders vorsichtig sein. In der Anonymität des

Internets besteht keine Möglichkeit, die Glaubwürdigkeit von selbst ernannten Experten zu überprüfen. Wer diesen Spezialisten blind vertraut, hat schnell eine ganze Menge Geld in den Sand gesetzt.

Die Story eines Unternehmens muss stimmen. Wenn seine Zukunftsaussichten überzeugen, spricht nichts dagegen, eine Aktie, die gerade einen guten Kursanstieg hingelegt hat, auch auf einem hohen Kursniveau zu kaufen. Denn die Aktie kann durchaus noch eine ganze Zeit weiter steigen. Es gibt nichts Ärgerlicheres, als einer Rally zuzuschauen, bei der man nicht dabei ist. Die Gefahr, die Rally zu verpassen, ist größer als die Chance, den richtigen Zeitpunkt einer Korrektur vorherzusagen. Ich selbst scheue mich nicht, eine Aktie zu einem sehr hohen Kurs zu kaufen – vorausgesetzt ich glaube an die Story des Unternehmens.

Kennzahlen wie KGV oder die Marktkapitalisierung können Hinweise auf eine Überbewertung geben, mehr aber auch nicht. Ein überbewerteter Aktienmarkt löst einen Bärenmarkt genauso wenig aus, wie ein krähender Hahn die Sonne zum Aufgehen zwingt. Tatsache ist: Teure Aktien können problemlos teurer werden, solange die Story stimmt.

Betrachten wir die Aktien von Cisco Systems. Mit einem Gewinn von gerade mal 16 Cent pro Aktie im vierten Quartal des Fiskaljahres 2000 ist die Marktbewertung von rund 470 Mrd. Dollar nicht gerade zimperlich. Für rund 60 Prozent Wachstum zahlten Anleger im Spätsommer 2000 ein Kurs-/Gewinnverhältnis (KGV) von 124, gemessen an den Erwartungen für das Jahr. In anderen Worten: Ein Anleger muss 124 Jahre warten, bis das Unternehmen seinen aktuellen Marktwert an Gewinn erwirtschaftet hätte.

Ist Cisco teuer? Mag sein. Dennoch werde ich mich hüten und mir anmaßen, den Zeitpunkt zu nennen, wann der Turnaround zum Abwärtstrend kommt. Das Risiko, eine Rally zu verpassen, ist einfach größer als die Wahrscheinlichkeit, eine Korrektur exakt abzupassen.

In Gesprächen mit Investoren wird mir des Öfteren erklärt, dass der Aktienmarkt oder ein bestimmter Wert bereits zu teuer sei. Was ist bitteschön teuer? Wer kann dieses wunderbare Wort definieren? Wer die Aktien der mittlerweile bankrotten PanAm nach einem 80-prozentigen Kursrutsch „billig" gekauft hatte, konnte immer noch 100 Prozent verlieren. Wer bei der schon vor zwei Jahren teuer wirkenden Sun Microsystems zugriff, hat wiederum ein Vielfaches aus seinem Investment gemacht.

LIMITAUFTRÄGE:
NÜTZLICHES WERKZEUG FÜR DEN PROFIANLEGER

Bei jedem Aktienkauf ist es sinnvoll, Limitaufträge zu platzieren. Besonders bei Wertpapieren, die nur wenig gehandelt werden, kann es sonst passieren, dass Ihr Auftrag zu einem ganz anderen Preis ausgeführt wird, als Sie eigentlich wollten.

Bei Aktien, die wie beispielsweise die Bluechips in sehr großen Stückzahlen gehandelt werden, ist die Gefahr kaum gegeben, dass Sie mit Ihrer Order den Markt beeinflussen. Bei kleineren Aktienwerten, von denen am Tag nur einige hundert Aktien umgesetzt werden, kann aber bereits ein Auftrag über nur 100 Aktien den Markt ganz erheblich beeinflussen. Trifft hier eine unlimitierte Kauforder auf eine Verkaufsorder, deren Limit über dem letzten Kurs liegt, bekommen Sie Ihre Aktien zu diesem höheren Preis. Schützen Sie sich durch limitierte Aufträge vor bösen Überraschungen!

TRADING LIMITIEREN, GEWINNE LAUFEN LASSEN, VERLUSTE MITNEHMEN

Der Durchschnittsinvestor in den USA hat 1999 eine Aktienposition nur acht Monate gehalten. Vor gut zehn Jahren lag die Haltedauer noch bei stolzen zwei Jahren. Mit Informationen zu jeder Zeit an jedem Ort und dem Einzug des preisgünstigen Internet-Tradings ist die Bereitschaft, an einer Aktie länger festzuhalten, gesunken. Da viele Investoren den Fehler machen, Gewinne mitzunehmen und Verluste bei anderen Aktienpositionen laufen zu lassen, geht das viele Traden auf die Dauer ins Auge. Das Motto sollte genau umgekehrt lauten: Gewinne laufen lassen, Verluste begrenzen. Studien zeigen immer wieder, dass wir zu sehr Mensch sind, um diesen Gedanken kontinuierlich beim Investieren umzusetzen. Eine führende amerikanische Universität hat sieben Jahre lang die Tradingaktivitäten von 10.000 Konten bei Discountbrokern analysiert. Die Wahrscheinlichkeit, dass sich ein Investor statt vom Verlierer von den Gewinnern trennt, lag in der Studie bei über 50 %. Die Gewinner, die verkauft wurden, schnitten im Folgejahr jedoch 3-4% besser ab als die Verlierer, die im Depot blieben.

DIVERSIFIZIERUNG IST KÖNIG!

Wie schon ein sehr alter Spruch besagt: Legen Sie nicht alle Eier in einen Korb! Obwohl jeder Investor diesen Spruch kennt, wird er oft nicht beherzigt. Mit den in Mode kommenden Branchen am Aktienmarkt wird zu viel Kapital zu stark auf einen Bereich konzentriert. So übertrieben stark die Werte der New Economy im Frühjahr 2000 nach oben gejagt wurden, so übertrieben stark fielen die Werte der Old Economy in den Keller.

Investoren wollten bei den fetten Gewinnern dabei sein, ohne die fetten Risiken der mangelnden Diversifizierung zu beachten. Die Korrektur im September/Oktober 2000 hat wiederum genau das Gegenteile hervorgebracht: Technologiewerte wurden totgeschwiegen, Standardwerte in den Himmel gehoben.

Der Aktienmarkt ist immer ein Verhältnis von Chance zu Risiko. Durch Diversifizierung kann das Risiko erheblich reduziert werden. Zeichnet sich langsameres Wachstum in der Mobilfunksparte ab und Sie besitzen im Depot nur Nokia, Ericsson und Qualcomm, bekommen Sie die Kurskorrektur mit voller Wucht zu spüren. Hätten Sie eine Nokia, eine Phillip Morris und eine EMC, wäre das Risiko gestreut und der negative Effekt um einiges geringer.

Besonders wer sich auf Nebenwerte konzentriert, muss streuen. Es ist erwiesen, dass Nebenwerte in Korrekturphasen stärker unter Druck geraten als die großen Brüder und vor allem auch bei der anschließenden Erholungsphase vergleichsweise langsam aus den Startlöchern kommen. Nebenwerte sind oft illiquide, haben also ein nur geringes Handelsvolumen. Der Kurs ist dementsprechend sensibel, wenn der Markt in die Knie geht.

MÜSSEN AMERIKANER AUSLÄNDISCHE AKTIEN KAUFEN?

Wenn ein Amerikaner seit 1965 nur US-Aktien im Depot hatte, konnte er mit seiner Performance jeden anderen Aktienmarkt in den Schatten stellen. Dies ist nicht der einzige Grund, weshalb amerikanische Privatinvestoren vielleicht niemals wirklich ausländische Aktien kaufen werden. Kauft man die Aktien großer US-Konzerne, ist man eigentlich ausreichend im Ausland präsent. Man bedenke, dass alleine die 30 Unternehmen im Dow-Jones-Index rund 40 % der Umsätze in Übersee erzielen. Abgesehen davon ist eine Chrysler nun DaimlerChrysler sowie eine VoiceStream eine Deutsche Telekom geworden. Ford hat wiederum Volvo geschluckt und gehört, obwohl es ein US-Konzern ist, zu den größten europäischen Autoherstellern. Auch die Citibank oder der Chiphersteller Intel, Hewlett-Packard, IBM und Merck sind global massiv vertreten. Auf dem Weltmarkt kann sich kein Land mit Amerika messen. Ende Mai 2000 waren 13 von 20 der weltweit größten Konzerne amerikanische Unternehmen. Allen voran General Electric mit einem Marktwert von 520 Milliarden Dollar gefolgt von Intel mit einem Wert von 416 Milliarden Dollar, mit auf den höchsten Rängen auch Cisco Systems, Microsoft, ExxonMobil. Wer statt ausländischer Aktien diese Werte kauft, umgeht die Schwierigkeiten, andere Anlegerkulturen verstehen zu müssen. Unterschiedliche Steuer- und Bilanzierungssysteme müssen nicht unter die Lupe genommen werden. Sicherlich mag es Phasen geben, in denen amerikanische Aktien mal schlechter abschneiden als andere internationale Börsen. Eine Weltbörse gibt es nur einmal – und das ist nun mal die Wall Street.

FONDS: DIE VERKANNTE MACHT DER TITANEN

Überall können Sie lesen, dass der Anteil der Aktionäre in den USA seit Jahren steigt. Dies ist allerdings nur die halbe Wahrheit. Tatsache ist, dass sich amerikanische Investoren immer weniger für einzelne Aktien entscheiden, sondern stattdessen ihr Kapital in Fonds verlagern. Viele haben schlicht vor der Unübersichtlichkeit des Marktes kapituliert. Immerhin sollte man schließlich von einem Fondsmanager erwarten können, dass er die Branchen genau kennt, in die er investiert. Eine besondere Modeerscheinung sind Index-Fonds, die gewichtete Werte aus dem Dow Jones, der Nasdaq oder anderen Indices enthalten.

Die massive Verlagerung von Kapital hat ihre Schattenseiten. So machen alleine die Fonds der Investmentgruppe Fidelity an manchen Tagen rund neun bis elf Prozent des täglichen Handelsvolumens an der New Yorker Aktienbörse aus. Vielleicht lässt sich dadurch erklären, weshalb in den vergangenen Jahren Aktien von großen Unternehmen weitaus besser gelaufen sind als jene von kleinen und mittelständischen Firmen.

Denn für einen Fondsmanager, der täglich Milliarden bewegt, ist es wichtig, dass das Handelsvolumen einer Aktie ausreichend groß ist. Nur so kann er schnell in einen Wert investieren beziehungsweise die Aktie wieder in Kapital verwandeln. Dies ist vor allem in Krisenzeiten wichtig, in denen es an Käufernachfragen hapert.

Da Fonds mittlerweile enorme Kapitalmassen binden, können sie den Handelsverlauf stark beeinflussen. Vielleicht ist Ihnen auch schon aufgefallen, dass es in der letzten Handelsstunde oftmals überraschend große und unkontrollierbare Kursausschläge gibt. Wenn Sie Geld in bestimmte Fonds einzahlen, wird Ihr Anteilskauf zum Schlusskurs des Tages abgerechnet. Der Fonds muss also versuchen, die täglichen Kapitaleingänge möglichst nahe am Handelsschluss in den Markt zu investieren. Zu diesem Zweck kaufen Fondsmanager entweder Futures oder große Aktienpakete (Blocktrades). Würde der Fonds Ihr Kapital schon im Handelsverlauf investieren, hätte er das Risiko, bis zum Schlussstand einen Verlust einstecken zu müssen. Dementsprechend jagen gerade in den letzten Handelsminuten immer so genannte Market-on-close-Aktienaufträge über das Parkett. Besonders auffällig sind diese Vorgänge an einem so genannten Hexensabbat, das heißt an den Tagen vor Auslaufterminen auf Optionen und Futures. An einem solchen Tag wurden an der New Yorker Börse im Frühjahr 2000 in nur zehn Minuten über 300 Millionen Aktien gehandelt.

Der Einfluss der Fonds wird auch in Zukunft immer stärker werden – ein Trend, der sich nicht nur in den USA, sondern auch in Deutschland abzeichnet.

Fast 50 Prozent des monatlichen Dollar-Handelsvolumens an der Wall Street gehen mittlerweile auf das Konto von Fonds aller Art. 1980 lag ihr Anteil am Handelsvolumen noch bei knapp 10 Prozent. Doch obwohl Fonds jeden Tag Werte in Höhe von 20 bis 25 Milliarden Dollar an der NYSE handeln, gibt es so gut wie keine Indikatoren dafür, wie sie das Geld eigentlich anlegen. Institutionen wie Brokerhäuser bieten Investoren dieser Tage eine ganze Reihe an Dienstleistungen und Marktinformationen. Um so erstaunlicher ist, dass es dennoch keine traditionellen Indikatoren gibt, die Licht in das Kaufverhalten der Fonds bringen. Umfragen bei Fondsgesellschaften, der Prozentsatz an Bargeld in Fonds oder Stimmungsindikatoren sind nur unbedeutende Bausteine im großen Puzzle der Kapitalströme.

Stellen Sie sich vor, welche Tore geöffnet würden, könnten Sie die Aktivitäten oder Vorhaben dieser Fonds früher erkennen und auf den Wellen mitreiten. Es ist eine deutliche Benachteiligung für Investoren, dass ihnen keine quantitativen Real-time-Daten zur Verfügung stehen. Niemand weiß, in welche Richtung die mächtigen Kapitalströme fließen.

EINE NEUE REVOLUTION: DER DO-IT-YOURSELF-FONDS

Fonds bergen zwar ein relativ geringes Risiko, haben aber ansonsten einige Nachteile für Anleger. Die meisten verlangen zu hohe Managementgebühren oder Aufschläge und oftmals erreichen sie nicht die Performance des Aktienmarktes. Index-Fonds schaffen dies zwar per Definition, geben Investoren aber keine Möglichkeit, das Risiko mit zu beeinflussen.

In den USA tauchen nun die ersten Online-Broker auf, die Investoren die Möglichkeit einräumen, Aktienfonds mit bis zu 50 ausgewählten Werten selbst zu konzipieren. Anlegern wird keine Mindesteinlage abverlangt, so dass auch kleineren Privatinvestoren eine revolutionäre und neue Anlageform offen steht.

Wer sich bis dato für 80 Dollar eine Aktie kaufen wollte, schaute bei manchen Werten in die Röhre. IBM beispielsweise notiert weit über der 100-Dollar-Marke. Bei den neuen Do-it-yourself-Fonds ist das kein Problem – Sie kaufen einfach einen Bruchteil der Aktie. Dies ermöglicht Kleinanlegern, mit wesentlich weniger Einsatz ihr Risiko weiter zu streuen.

Wer seine eigenen Fonds nicht selber basteln möchte, kann auf bereits konzipierte Standardversionen der Online-Broker zurückgreifen. In einem Fonds liegen beispielsweise die 50 größten Werte des S&P-500-Index. Ein anderer ist aus Werten des S&P-500-Index zusammengesetzt, die durch eine geringere Volatilität auffallen. Denkbar wäre auch ein Fonds, der aus den 30 Werten des Dow-Jones-Index und 20 Werten der Hightech-Branche besteht.

Diese Anlageform ist wohlgemerkt nichts für Spekulanten. Aus Kostengründen beschränken die Anbieter die Häufigkeit der Wertpapiertransaktionen auf zweimal täglich, manche sogar auf einmal die Woche. Doch längerfristig orientierte Investoren haben durch dieses System viele Vorteile. So müssen sie die üblichen Managementgebühren für Fonds nicht schlucken. Für den durchschnittlichen US-Aktienfonds sind das immerhin jährlich rund 1,44 Prozent der Einlage. Auch die lästigen Minimuminvestments, in den USA durchschnittlich 3,370 Dollar, fallen weg.

Auch Do-it-yourself-Fonds haben ihren Preis. Manche Online-Broker bieten die gesamte Servicepalette für eine Jahresrate von 250 bis 300 Dollar an, manche rechnen pro Transaktion ab. Pro Aktienkauf oder Verkauf werden zwei bis fünf Dollar in Rechnung gestellt. Die Preise scheinen mehr als fair, wenn man sie mit den Gebühren für traditionelle Fonds vergleicht beziehungsweise die Kosten für den Kauf oder Verkauf von Einzelwerten betrachtet.

Es ist nur eine Frage der Zeit, bis diese Fonds auch in Europa angeboten werden. Auch Index-Fonds, Dachfonds oder No-Load-Fonds (bei Kauf ohne Aufschlag) sind aus dem Land des unbegrenzten Kapitalismus gekommen.

BÖRSENBRIEFE: WAS SIND SIE WIRKLICH WERT?

Da prangen die fünfstelligen Zahlen wieder halbseitig in den Tageszeitungen: „10.000 Prozent in zwölf Monaten! Abonnieren Sie den Börsenbrief und werden Sie reich!" Wer abonniert, wird auch meistens reich, allerdings vorrangig an Erfahrung. Vergangene Performance ist noch lange kein Garant für die Zukunft.

Erstaunlicherweise wird mit diesen Anzeigen bei den Lesern der Eindruck geweckt, dass der Herausgeber des Börsenbriefes ein besonders gutes Händchen bei der Auswahl seiner Aktien hat. In den USA bringt die langfristige Performanceanalyse von Börsenbriefen jedoch einiges Unerfreuliche zu Tage.

Hulbert Financial Digest, ein Researchhaus, das seit Anfang der 80er Jahre die Performance amerikanischer Börsenbriefe misst, zieht eine traurige Bilanz. Wer seit 1981, immer zur Jahresmitte, sein Vermögen auf die Empfehlungen der besten Börsenbriefe der vorhergehenden 12 Monate verteilt hatte, hat keinen Grund zum Feiern. Wurde diese Strategie 15 Jahre lang verfolgt, konnte das Vermögen um stolze 95 Prozent gesteigert werden. Nun sind das nicht etwa 95 Prozent im Jahr, sondern 95 Prozent in den gesamten 15 Jahren. Ziemlich dürftig, bedenkt man, dass wir uns im längsten und einem der kräftigsten Bullenmärkte in der Geschichte der Wall Street befinden. Auf die einzelnen Jahre verteilt, entspricht dies einem Wertzuwachs von 4 bis 5 Prozent per annum. Mit anderen Worten: Ein risikoloses Festgeldkonto hätte diese „stürmische Performance" problemlos in den Schatten stellen können.

Hätte man hingegen zur Jahresmitte 15 Jahre lang sein Vermögen auf die schlechtesten Börsenbriefe der vorhergehenden zwölf Monate verteilt, würde die Bilanz schon um einiges besser ausfallen. In rund 15 Jahren, hätten die Anleger ihr Vermögen um rund 330 Prozent gesteigert. Und die wirklich cleveren Investoren? Die hätten auf gar keinen Brief hören sollen. Wer sein Vermögen auf den Aktienindex selbst setzte, stellte alles in den Schatten – der nämlich legte in dieser Zeitspanne 550 Prozent zu.

Was man daraus lernen kann, ist nun sicherlich nicht (oder doch?), dass Börsenbriefe generell unbrauchbar sind. Was man jedoch daraus lernen kann, ist die Tatsache, dass der Topbörsenbrief der vorhergehenden zwölf Monate schon die Ente der nächsten zwölf Monate sein kann. Börsenbriefe lediglich aufgrund der Performance nur eines Jahres hin als gut zu erachten, ist ein großer Fehler und kann ins Auge gehen. Kontinuität in der Performance ist König! Die Herausgeber müssen ihre Strategie, wie immer sie auch aussehen mag, disziplinarisch durchsetzen. Dann kann sich auf längere Sicht auch das Endergebnis sehen lassen. Bestes Beispiel ist der amerikanische Finanzdienst Value Line, der seit 1965 eine ordentliche Performance abliefert. Die Bewertungsstrategien haben sich nach all den Jahren kaum verändert. Nicht in jedem Quartal und auch nicht in jedem Jahr konnte die Marktperformance geschlagen werden. Längerfristig hat sich das Investieren nach den Ratschlägen von Value Line jedoch durchaus bezahlt gemacht.

DIE STRATEGIE IST ENTSCHEIDEND

Für langfristigen Erfolg an der Börse brauchen Sie eine Strategie. Überlegen Sie sich zunächst, was Sie mit Ihren Anlagen erreichen wollen: aggressives Wachstum, Wachstum oder Werterhalt. Ist die Strategie einmal festgelegt, müssen Sie konsequent danach vorgehen und Ihr Depot ständig im Auge haben.

Bauen Sie sich Ihr Portfolio und beantworten Sie im Vorfeld einige grundlegende Fragen:

Mit wie viel Geld können Sie es sich leisten, in Aktien zu investieren? Wann brauchen Sie das Kapital wieder? Kenne ich mich gut genug aus, um Einzelwerte zu kaufen? Ist die Strategie einmal festgelegt, müssen Sie konsequent danach vorgehen und Ihr Depot ständig im Auge behalten.

Wer wie ich so um die 30 ist, kann auch ein gewisses Risiko eingehen. Gehen Sie in diesem zarten Alter Pleite, könnte man wenigstens versuchen, noch reich zu heiraten. Ein Aktienanteil im Depot von 70-75 % für die Liebhaber des Risikos kann durchaus angebracht sein. Die verbleibenden 25-30 % sollten in Festgeldern oder Anleihen angelegt werden. Bedenken Sie, dass der Aktienmarkt bei Haltezeiträumen von über 10 bis 15 Jahren jede Anlagealternative in den Schatten stellt.

Anders sieht die Lage natürlich aus, wenn der Eintritt in den Ruhestand nur wenige Jahre entfernt ist. Wie John Slade von Bear Stearns schon an anderer Stelle sagte:

„Hundert minus Alter gleich Aktienanteil im Depot."

Sind Sie also 60 Jahre alt, sollten 40 % Ihres Vermögens in Fonds und Aktien angelegt sein.

GRUNDREGELN FÜR DIE ERFOLGREICHE AKTIENANLAGE

1. Marktführer kaufen. Investieren Sie nur in Unternehmen, die sich gegen die Konkurrenz behaupten können. Setzen Sie dabei auf echte Marktführer oder Unternehmen, die das Potenzial haben eine solche Stellung zu erreichen. Verzetteln Sie sich nicht auf „Nebenkriegsschauplätzen".

2. Vertrauen Sie niemals blind irgendwelchen Aktientipps. Besonders bei Ratschlägen aus dem Internet ist höchste Vorsicht geboten. Finden Sie außer ein paar Tipps keine Argumente für den Kauf einer Aktie - Finger weg.

3. Sehen Sie sich die Story eines Unternehmens an. Sind auch für die Zukunft gute Ergebnisse zu erwarten und wird das Unternehmen seine Marktposition verteidigen können?

4. Verfolgen Sie die Entwicklung Ihres Depots regelmäßig. Prüfen Sie die Aussichten eines Unternehmens immer wieder. Stimmt die Story nicht mehr, trennen Sie sich von den Aktien.

5. Stellen Sie fest, dass Sie mit einer Aktie daneben gelegen haben, dann stehen Sie zu Ihrem Fehler. Weg damit! Auch wenn es erst mal einen Verlust bedeutet. Halten Sie an Fehlentscheidungen fest, wird der Schaden nur noch größer.

6. Stimmt die Story eines Unternehmens noch, aber die Kurse fallen kurzfristig, verbessern Sie durch Nachkaufen (down averaging) Ihre Gewinnmöglichkeiten.

7. Investieren Sie nur solches Geld in Aktien, das Sie auch langfristig entbehren können.Vermeiden Sie Spekulationen auf Kredit.

8. Versuchen Sie gar nicht erst, zum niedrigsten Kurs zu kaufen und zum höchsten Kurs zu verkaufen. Das gelingt so gut wie nie.

9. Behalten Sie den Überblick über Ihr Depot. Kaufen Sie nicht mehr verschiedene Aktien, als Sie auf Dauer verfolgen können. Trotzdem gilt: Setzen Sie nie alles auf eine Karte.Verteilen Sie Ihren Einsatz auf verschiedene Papiere.

Danksagung

Die Erstellung dieses Buches hat an alle in unserem New Yorker Team hohe Anforderungen gestellt. Viele Wochen konnte ich an dem Tagesgeschäft nicht teilnehmen - zum Leidwesen meiner Kollegen. Ganz besonders danken möchte ich meiner Kollegin Brenda Strohmaier. Ihre aktive Unterstützung, ob der zahlreichen Wochenenden oder der späten Arbeitsstunden im Büro, haben maßgeblich zum Erfolg dieses Projektes beigetragen. Stefan Horn, mit dem ich in Upstate New York an meinem Buch gearbeitet habe, trug zu der Erstellung dieser Seiten ebenfalls bei.

Ein Autor ohne Verlag ist wie ein Priester ohne Kirche. Mir war es eine ganz besonders große Freude, dieses Buch in Zusammenarbeit mit dem FinanzBuchVerlag vorstellen zu dürfen. Christian Jund hat es geschafft, binnen weniger Jahre den deutschsprachigen Markt für Finanzbücher zu erobern und so manch etabliertem Verlag vorzumachen, was es heißt, erfolgreich zu sein.

Mein größter Dank gilt allerdings meiner Mutter, die mich auf dem Weg zur Wall Street auf jede erdenkliche Art und Weise unterstützte, wie auch meinem guten Freund, Eberhard Gaul, ehemals Dean Witter Reynolds. Eberhard war, ist und wird stets ein Vorbild für mich sein. Er hat an mich geglaubt und mir die Kraft und den Mut gegeben, das Abenteur Wall Street einzugehen. Dafür werde ich ihm ewig dankbar sein.

Vielen Dank Euch allen.

Markus Koch
Wall Street Correspondents, Inc.